Anna-Lena Roth

Wir
vom Jahrgang
1985

Kindheit und Jugend

Impressum

Bildnachweis:

Umschlag: Privatarchiv Ulrich Schoeler (vorne oben), Privatarchiv Anna-Lena Roth (vorne unten), Privatarchiv Meike Schoeler (hinten).
Innenteil: Privatarchiv Anna-Lena Roth: S. 4, 5, 6, 7 u., 8 o./u., 9, 10 o./u., 11 u., 12 o./u., 13 o., 15, 17 u., 19 o., 20, 21, 22 o./u., 24, 27, 29, 32, 33, 34, 35, 37, 38, 39, 41 o./u., 45 o./u., 46, 50, 51, 52, 54, 55, 56 o./u., 57, 58 o./u., 59, 62, 63 o./u.; Privatarchiv Knut Letzel: S. 7 o.; Privatarchiv Meike Schoeler: S. 11 o., S. 17 o., S. 19 u., S. 23, 26, 30, 40; Privatarchiv Ulrich Schoeler: S. 28, 36; Privatarchiv Elisa Zimmer: S. 41 M.; ullstein bild – Team 2 Sportphoto: S. 13 u.; ullstein bild – imageBROKER/Norbert Michalke: S. 25; ullstein bild – Kömmler: S. 42; ullstein bild – Laible: S. 43; ullstein bild – Cover Press: S. 44; ullstein bild – United Archives/KPA: S. 49; ullstein bild – Kujath: S. 61

7. Auflage 2025
Alle Rechte vorbehalten, auch die des auszugsweisen Nachdrucks und der fotomechanischen Wiedergabe.
Gestaltung und Satz: r2 | Ravenstein, Verden
Druck: Druck- und Verlagshaus Thiele & Schwarz GmbH, Kassel
Buchbinderische Verarbeitung: Buchbinderei S. R. Büge, Celle
© Wartberg-Verlag GmbH
34281 Gudensberg-Gleichen • Im Wiesental 1
Telefon: 056 03/9 30 50 • www.wartberg-verlag.de
ISBN: 978-3-8313-3085-0

Vorwort
Liebe 85er!

Geboren im Jahr 1985: Das heißt aufwachsen mit politisch engagierten Eltern, die mit Dauerwelle und Rauschebart „Nein" zur Atomkraft und „Ja" zur Abrüstung sagen. Das heißt Kindheit ohne existenzielle Sorgen und Jugend zwischen Internet und Idealen. Wir 85er verschliefen die erste rot-grüne Koalition, machten unsere ersten Schritte, als Tschernobyl die Welt schockierte, und waren gerade mal ein Jahr im Kindergarten, als in Deutschland die Mauer fiel. Wir wuchsen auf mit Filmen von Walt Disney, Büchern von Astrid Lindgren und Spielzeug von Fisher Price. Barbie, Polly Pocket und Action-Man waren unsere ständigen Begleiter. Mit unserem Scout gingen wir in die Schule, schrieben Diktate mit unserem Lamy-Füller und saßen bei den Turtles und Mila Superstar vor dem Fernseher. Die technische Revolution erlebten wir hautnah mit: vom Kassettenrekorder zum MP3-Player, von der analogen zur digitalen Fotografie, vom Telefon zum Handy. Das Internet revolutionierte unsere Jugend, wir lernten ICQ kennen, schossen das Moorhuhn ab und „zockten" Half-Life. Wir waren dabei, als Girl- und Boygroups ihren Höhepunkt hatten. Wir erlebten den Wechsel des Jahrtausends und unserer Währung. Wie die Generationen vor und nach uns wollten auch wir in der Pubertät erst um jeden Preis dazugehören und dann als Individuum anerkannt werden.

Uns 85ern standen alle Türen offen. Wir hatten Möglichkeiten, von denen andere Generationen nicht zu träumen wagten. Unsere Gedanken um Zukunftspläne wuchsen über Landesgränzen hinaus. Und gleichzeitig standen wir unter starkem Konkurrenz- und Leistungsdruck. Ohne Frage: Es war eine ereignisreiche, eine wunderbare Zeit. Unsere Zeit! Also auf zu einer Reise durch unsere ersten 18. Lebensjahre!

Anna-Lena Roth

Anna-Lena Roth

1985-1987

Willkommen im Leben

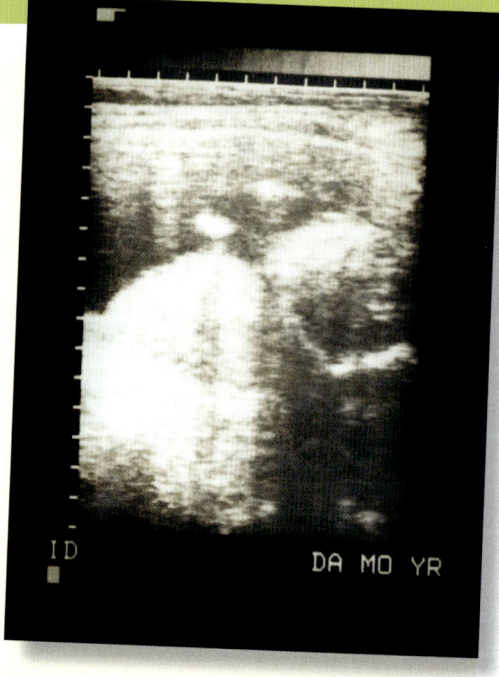

Schlafen, schreien, essen

Neun Monate der Hoffnung und des
Bangens, voll intensiver Vorbereitung
und Kopfzerbrechen lagen hinter
unseren Eltern, als wir 1985 das Licht
der Welt erblickten. Wird es ein Junge
oder ein Mädchen? Wollen wir das
überhaupt wissen? Hauptsache
gesund! Wie soll es denn heißen?
Bloß nichts zu Modernes! Hausge-
burt? Krankenhaus? Aber das bekamen wir Kleinen alles gar nicht so

4

Chronik

13. Februar 1985
Am 40. Jahrestag der Bombardierung
Dresdens wird die Semperoper wiedereröff-
net.

11. März 1985
Michail Gorbatschow wird Generalsekretär
der Kommunistischen Partei der Sowjetunion (KPdSU).

16. Oktober 1985
In Hessen einigen sich SPD und Grüne auf
die Bildung einer Koalition. Es ist die erste
rot-grüne Regierungszusammenarbeit.

1. Januar 1986
Die Zahl der EG-Mitglieder wächst mit dem
Beitritt Spaniens und Portugals auf zwölf.

28. Januar 1986
Kurz nach dem Start explodiert die
US-Raumfähre „Challenger". Die sieben
Astronauten sterben beim schwersten
Unfall in der Geschichte der amerikani-
schen Raumfahrt.

26. April 1986
Im Atomkraftwerk in Tschernobyl kommt es
zum größten Kernreaktorunfall der
Geschichte.

11. März 1987
Helmut Kohl wird erneut zum Kanzler einer
christlich-liberalen Koalition gewählt.

23. März 1987
Nach 23-jähriger Amtszeit erklärt Willy
Brandt seinen Rücktritt als SPD-Vorsitzen-
der.

13. Juni 1987
Mehr als 100 000 Menschen demonstrieren
im Bonner Hofgarten für Frieden und
Abrüstung. Sie fordern von der Bundesre-
gierung den Abbau aller Mittelstreckenraketen in Europa, die „Nulllösung".

11. Oktober 1987
Der ehemalige schleswig-holsteinische
Ministerpräsident Uwe Barschel (CDU) wird
tot in der Badewanne seines Genfer
Hotelzimmers gefunden.

19. Oktober 1987
An den internationalen Börsen kommt es
durch Rekordeinbrüche am Aktienmarkt zur
schwersten Börsenkrise seit 1929.

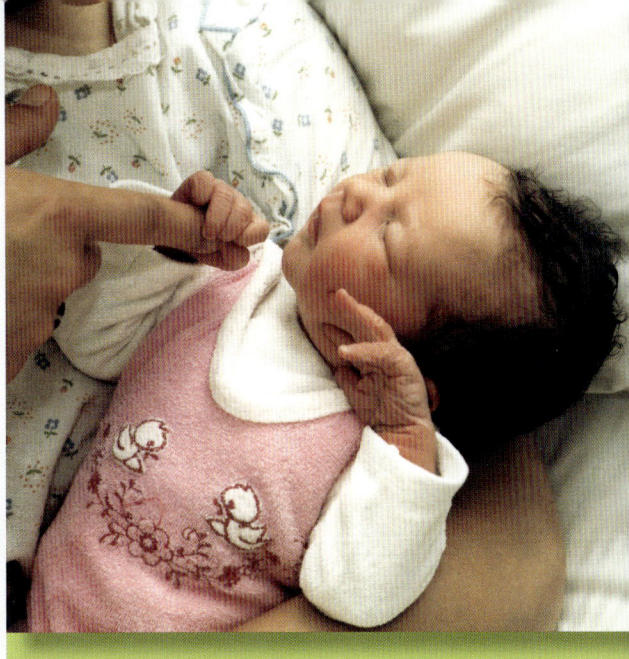

... und so frisch geschlüpft.

recht mit. Unsere Aktivitäten
beschränkten sich im Wesentlichen
auf drei Dinge. Da war zunächst
einmal das Schlafen: Es war uns egal,
ob wir dabei in Mamas Armen, in
unseren Bettchen oder dem Kinder-
wagen lagen, Hauptsache, wir
konnten friedlich unsere zwölf Stunden pro Tag schlummern.
Zweitens hielten wir unsere Umwelt
mit Schreien auf Trab, das wir immer
dann einsetzten, wenn etwas nicht so
lief, wie wir uns das in unseren
kleinen Köpfen vorstellten. Die Windel
wurde nicht schnell genug gewech-
selt? Uns wurde nicht die Aufmerk-
samkeit zuteil, die wir gerne gehabt
hätten? Da genügte ein lautes
Geschrei und – einundzwanzig,
zweiundzwanzig, dreiundzwanzig –
schon kamen Mama oder Papa
herbeigeeilt, um uns zu besänftigen.

1. bis 3. Lebensjahr

Und dann war da noch das Essen. Bestand es zunächst hauptsächlich aus Milch, die entweder aus Flaschen oder aus Mamas Brust kam, wurde unser Speiseplan im Laufe der Monate um alles erweitert, was man zu Brei verarbeiten konnte (Möhren, Spinat, Kartoffeln, ...). Selbst wenn wir es trotz Lätzchen immer wieder schafften, uns und unsere Umgebung mit Essen vollzukleckern, kam wohl doch der Großteil davon in unseren knurrenden Mägen an und wir entwickelten uns zu richtigen Wonneproppen. Während wir unsere ersten Lebensjahre also meist mit Schlafen, Schreien und Essen verbrachten, gab es in der Welt unserer Eltern dafür umso mehr zu erleben.

Atomkraft? Nein, danke!

Dass viele unserer Eltern politisch aktiv waren, sah man schon an ihrem Äußeren. An Hemden, Hosen, Jacken und Hüten hatten sie große Buttons befestigt, mit denen sie ihre politische Gesinnung verkündeten: „Atomkraft? Nein, danke!" war da zu lesen, und eine leuchtend rote Sonne grinste dazu. Auf anderen sah man eine Schildkröte, die sich an einem Helm verging und darunter der Spruch „Fuck the Army". Beliebte Motive für Buttons oder Aufkleber waren auch Sonnenblumen, Peace-Zeichen, Friedenstauben und, und, und.

Dauerwelle und Rausche-
bart: unsere Eltern.

Unsere Eltern demonstrieren für den Weltfrieden.

Natürlich waren unsere Eltern dabei topmodisch gekleidet (obgleich sie Jahrzehnte später beim Anblick alter Fotos oftmals in schallendes Gelächter oder hilflose „Wie-konnte-ich-nur?"-Rufe ausbrechen sollten). Zu den dauerge-wellten Frisuren trugen unsere Mütter am liebsten Latz-, Cord- oder gebatikte Stoffhosen. Um den Hals wickelte man sich damals die Palästinenser- oder kurz „Pali-Tücher", vorzugsweise in den Farbkombinationen Rot-Weiß oder Schwarz-Weiß. Die Väter hatten nicht nur eine lange Haarpracht, sondern – sehr zu unserer Freude – meist auch einen prächtigen Vollbart, in dem wir uns mit unseren kleinen Kinderfingern liebend gern festkrallten. An den Füßen unserer Eltern sah man damals oft die „danske loppen". Diese dänischen Entenschuhe waren aus naturfarbenem Leder und vorne so breit, dass sich der Vergleich mit dem Federvieh praktisch aufdrängte.

An Papas starker Brust konnte uns nichts passieren.

1. bis 3. Lebensjahr

Modisches Feingefühl entwickelten wir schon früh.

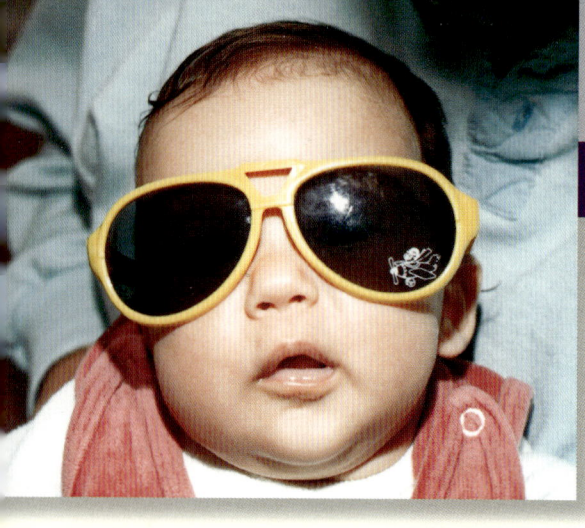

Familienbande

Recht ungewöhnlich war es, dass sich auch unsere Väter aktiv am Familienleben beteiligten. Viele hatten schon unsere Mütter zu den Geburtsvorbereitungskursen begleitet, und während der Geburt tapfer deren krampfende Hände gehalten. Nun ließen sie es sich natürlich nicht nehmen, uns Kinder stolz in Wickeltüchern herumzutragen oder in zusammenklappbaren Buggys vor sich herzuschieben. Das war nicht nur bequem, sondern auch nötig, denn noch konnten wir nicht auf eigenen Beinchen stehen. Besonders wichtig waren in dieser Zeit unsere Großeltern. Von ihnen wurden wir schon seit der Geburt mit Küssen, großzügigen Geburtstags- und Weihnachtsgeschenken und Unmengen von Süßigkeiten überhäuft. Oftmals waren sie unsere ersten Babysitter und auch Jahre

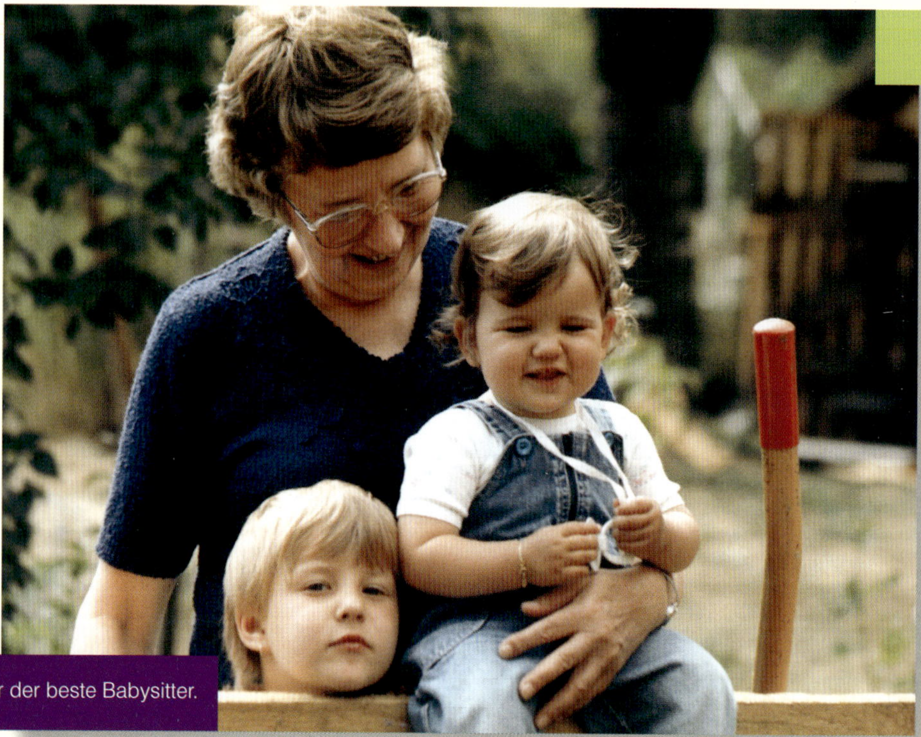

Oma war der beste Babysitter.

später würden wir noch gern die Ferien bei ihnen verbringen. Unsere Eltern waren froh über jede Unterstützung, erst recht, wenn sie selbst dadurch ein wenig mehr Freizeit hatten. Unsere Mütter nutzten sie nicht selten dafür, die tollsten Dinge aus Ton, Fimo oder Salzteig zu basteln. Unsere Väter schraubten an ihren Motorrädern oder bauten den Infostand für das nächste multikulturelle Stadtfest.

Sportliche Höhepunkte

1985 ist das Jahr für Boris Becker. Als er im Alter von 17 Jahren das Tennisturnier von Wimbledon gewinnt, ist er der bis dahin jüngste Sieger und der erste Deutsche, dem es gelingt, dieses Turnier zu gewinnen. Kein Wunder also, dass er zum Sportler des Jahres gekürt wird; eine Ehre, die ihm bis 1990 insgesamt viermal zuteil wird.

Auch für die Tennisspielerin Steffi Graf ist 1985 ein erfolgreiches Jahr. Erstmals gelingt es ihr, sich unter den zehn Besten in der Weltrangliste zu positionieren. Zwei Jahre später, mit 18 Jahren, *schafft sie den Sprung an die Spitze. 1988 gewinnt Steffi Graf nicht nur alle vier Grand-Slam-Turniere, sondern holt auch die Goldmedaille bei den Olympischen Spielen von Seoul. Dieser Erfolg geht als bisher einziger „Golden Slam" in die Geschichte des Tennissports ein.*

Im Jahr 1987 wird die Eiskunstläuferin Katarina Witt sowohl nationale Meisterin als auch Europa- und Weltmeisterin. Im Laufe ihrer Karriere wird sie mehrfache DDR-Meisterin, sechsfache Europameisterin, vierfache Weltmeisterin und zweifache Olympiasiegerin.

 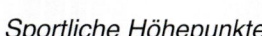

Das mit dem Töpfchen war gar nicht so leicht.

Schritt für Schritt

Bis wir unsere ersten eigenen Schritte versuchten, dauerte es eine ganze Weile. Zum Glück waren wir dank Pampers und Co. für die vielen Stürze gut gepolstert. Aber durch das viele gute Zureden und den sichtbaren Stolz in den Augen unserer Eltern, wenn wir selbstständig mit einem Füßchen vor das andere tapsten, wurden wir zu immer neuen Versuchen ermuntert – bis es dann tatsächlich klappte! Zuerst hangelten wir uns mit einigen Mühen um einen Tisch oder an einer stützenden Wand entlang, doch je öfter wir es übten, desto besser wurden wir im aufrechten Gang.

Messer und Gabel?
Pah! Klappt doch auch so prima.

Ähnlich war es auch mit dem Essen. Was waren wir stolz, als Mama uns nicht mehr mit dem imaginären Flugzeug davon überzeugen musste, den Mund gaaanz weit aufzumachen, um so dem Löffel mit Brei Landeerlaubnis zu erteilen. Wir lernten schließlich, das Essen selbst in unseren Mund zu befördern. Zuerst mit den Händen, später konnten wir dann mit unseren Fäustchen Gabel und Löffel halten. Auf dem Kinderbesteck, das extra für uns gekauft wurde, waren entweder unsere Namen eingraviert oder uns grinsten von den Stielen kleine Enten oder Männchen an.

Zum Glück gab es bei unseren ersten Schritten immer eine helfende Hand.

Die Katastrophe von Tschernobyl

Eigentlich wollte man im Lenin-Kernkraftwerk in der Ukraine nur herausfinden, wie viel Leistung der Generator noch liefert, wenn sowohl die Stromversorgung als auch die Wasserkühlung ausfallen. Am 26. April, um 1.23 Uhr beginnt die Simulation dieses Störfalls. Durch eine Kombination aus menschlichem und technischem Versagen kommt es im Laufe des Experiments zum größten anzunehmenden Unfall, kurz GAU.

In einem Radius von 30 Kilometern wird eine Sperrzone eingerichtet, tausende Menschen müssen evakuiert werden. Durch die Explosion wird eine Fläche von

etwa 40 000 Quadratkilometern auf Jahrzehnte hinaus radioaktiv verseucht. Die sowjetische Regierung spricht erst drei Tage nach dem Unfall davon, dass es zu einer „Katastrophe" gekommen sei.

Auch Europa bleibt von den Folgen des Unfalls nicht verschont. Eine radioaktiv verseuchte Wolke zieht zunächst nach Skandinavien, bevor sie sich über ganz Europa ausbreitet. Über die genauen Auswirkungen und Gefahren der Strahlung sind sich Wissenschaftler nicht einig – dementsprechend groß sind Angst und Unsicherheit in der Bevölkerung.

Schleckermäulchen auf frischer Tat ertappt.

Tschernobyl schockiert die Welt

Als wir ein Jahr alt waren, geschah ein Ereignis, das unsere Eltern sichtlich schockierte: In einem Atomkraftwerk in Tschernobyl kam es zum schlimmsten Kernreaktorunfall der Geschichte. Für die nächsten Wochen waren unsere Ausflüge in den Garten oder auf den Spielplatz gestrichen. Unsere Schuhe mussten wir vor der Haustür ausziehen, das Planschen in Bächen war ebenso verboten wie das Sammeln von Beeren und Pilzen. Überhaupt wurde beim

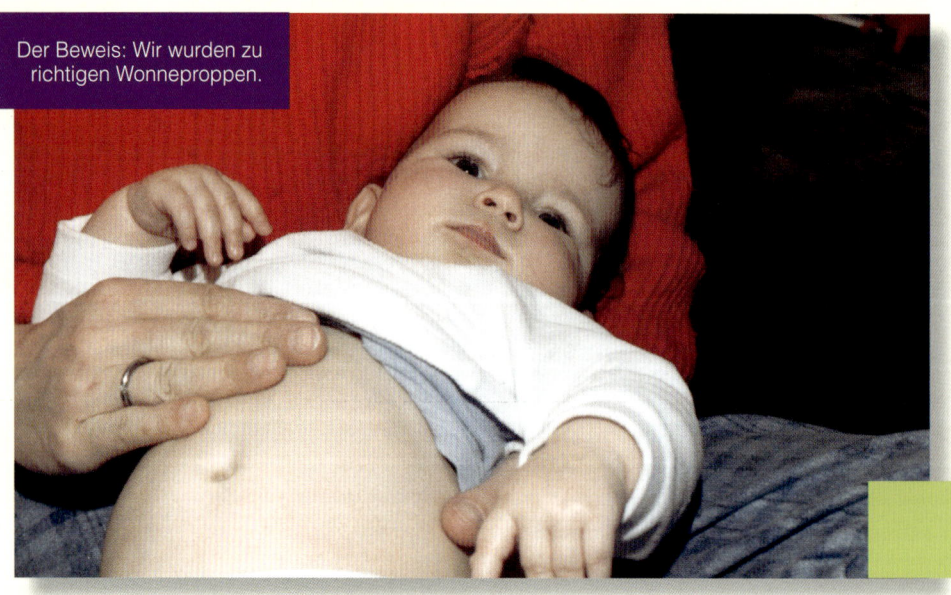

Der Beweis: Wir wurden zu richtigen Wonneproppen.

Essen penibel darauf geachtet, wo es herkam. In vielen Haushalten wurde massenhaft H-Milch auf Vorrat gekauft oder gleich auf Milchpulver umgestellt. Die Unsicherheit über die Auswirkungen von Tschernobyl waren einfach zu groß.

Wie nach jeder Katastrophe kehrte auch nach dieser langsam wieder der Alltag ein. Und auf uns wartete ein großes Abenteuer. „Bald kommst du in den Kindergarten", sagte uns Mama. Und obwohl wir nicht so recht wussten, was es mit diesem Garten auf sich hatte, freuten wir uns dennoch auf die neuen Spielkameraden, von denen Mama uns erzählte.

Prominente 85er

Lukas Podolski

7. Jan.	**Lewis Hamilton**, britischer Formel-1-Rennfahrer
26. März	**Keira Knightley**, britische Schauspielerin
3. April	**Leona Lewis**, britische Sängerin
4. Juni	**Lukas Podolski**, deutscher Profifußballer
10. Juli	**Mario Gómez**, deutscher Profifußballer
27. Aug.	**Daniel Küblböck**, Teilnehmer bei „Deutschland sucht den Superstar"
24. Okt.	**Wayne Rooney**, britischer Profifußballer
8. Nov.	**Jack Osbourne**, Sohn von Ozzy Osbourne

Spiel und Spaß im Kindergarten

Der große Tag

Zu nachtschlafender Zeit wurden wir von unseren Eltern geweckt und plötzlich musste alles ganz schnell gehen. Wir wurden angezogen, verputzten immer noch todmüde unser Frühstück und schlüpften rasch in unsere Schuhe. Dann bekamen wir noch eine Tasche um den Hals gehängt – darin eingepackt ein Pausenbrot und eine Packung Kakao oder Capri-Sonne – und machten uns gemeinsam mit Mama und Papa auf den Weg in den Kindergarten.

Manchen von uns fiel der Abschied von den Eltern sicherlich schwer, schließlich waren viele von uns noch nie so lange allein unter Fremden gewesen. Bei anderen Kindern hingegen überwog die Freude über das neue Spielparadies und die vielen gleichaltrigen, potenziellen Spielkameraden.

Auch für unsere Eltern war es ein aufregender Tag. Sie hatten ihre Kleinen noch nie so lang in fremde Obhut gegeben. Zu einem gewissen Teil waren sie

Chronik

16. August 1988
Bei einem Geiseldrama in Gladbeck sterben drei Menschen. Das Verbrechen wird live übertragen, weshalb die Medien heftig kritisiert werden.

28. August 1988
Bei einer Flugschau im rheinland-pfälzischen Ramstein prallen drei Flugzeuge zusammen, eins davon stürzt brennend in die Zuschauer. Bei dem Unglück sterben 70 Menschen, Hunderte werden verletzt.

1. Oktober 1988
Michail Gorbatschow wird zum Staatspräsidenten der UdSSR gewählt.

1. Dezember 1988
Benazir Bhutto wird zur neuen Ministerpräsidentin Pakistans ernannt. Sie ist die erste Frau, die zur Regierungschefin eines islamischen Landes gewählt wird.

2. April 1989
Jassir Arafat wird zum Präsidenten des im November 1988 ausgerufenen Staates Palästina gewählt.

4. Juni 1989
Das chinesische Militär beendet die Massenproteste für Demokratie und Menschenrechte auf dem Platz des Himmlischen Friedens (Tiananmen-Platz) mit äußerster Brutalität.

9. November 1989
Die DDR öffnet die Grenzen zur BRD, nach 28 Jahren fällt die Mauer.

17. Dezember 1989
An der Grenze zwischen Österreich und der Tschechoslowakei wird symbolisch der „Eiserne Vorhang" durchtrennt.

11. Februar 1990
Nelson Mandela wird nach 27 Jahren aus der Haft entlassen.

8. Juli 1990
Bei der Fußballweltmeisterschaft in Italien gewinnt die deutsche Elf gegen Titelverteidiger Argentinien 1:0 und holt damit zum dritten Mal den Titel.

2. August 1990
Irakische Truppen unter Saddam Hussein besetzen Kuwait. Die Golfkrise beginnt.

3. Oktober 1990
Der Beitritt der DDR zur BRD beendet die deutsche Teilung.

Mit Stift, Schere und Papier konnten wir unseren Eltern eine große Freude machen.

wohl auch froh, nach drei Jahren der Rundum-Fürsorge nun wieder ein bisschen mehr Zeit für sich zu haben.

Im Kindergarten angekommen wurden wir zunächst einmal in Gruppen eingeteilt, die nach Tierarten, Obstsorten oder Farben benannt waren. War man beispielsweise eine Zitrone, kennzeichnete diese Motiv den eigenen Garderobenhaken und das Fach, in dem wir unsere Tasche, Hausschuhe oder Bastelsachen verstauten.

Der Gruppenraum war in verschiedene Spiele-Ecken eingeteilt. Während sich die Jungs hauptsächlich im Teil mit den Autos und Legosteinen aufhielten, bevorzugten die Mädchen die Puppenecke. Dort verbrachten wir viel Zeit mit Rollenspielen. Heute noch waren wir das schreiende Baby beim Mutter-Vater-Kind spielen und schon am nächsten Tag die Prinzessin, die vor der bösen Hexe gerettet werden musste.

Wir spielten Fangen, hüpften mit Rody, dem knallroten Gummipferd, oder machten unsere ersten Fahrversuche im Bobby Car. Die besonders Mutigen unter uns (und irgendwann wollte jeder seinen Mut unter Beweis stellen) erklommen gar den höchsten Punkt des Klettergerüsts. Wir liebten es, uns aus allen möglichen Kissen, Decken oder Polstern kleine Burgen und Höhlen zu bauen, in denen wir uns verstecken konnten. Natürlich erzählten wir jeden Abend zu Hause stolz von unseren Heldentaten. Es war auch die Zeit, in der wir zum ersten Mal mit Gesellschaftsspielen in Berührung kamen: Schnell wurden Mensch-ärgere-dich-nicht, Fang-den-Hut, Schwarzer Peter und Memory zu unseren Lieblingen. Im Kindergarten lernten wir, wie man mit wenig Aufwand seinen Eltern eine große Freude machen konnte. Pünktlich zum Muttertag, zu Weihnachten oder Ostern steckten wir all unsere Energie ins Basteln. Unter Anleitung der Erzieherinnen schnitten wir bunte Sterne aus, formten abenteuerliche Dinge aus Ton, bastelten kleine Duftsäckchen und malten die tollsten Glückwunschkarten. Keine Frage, dass unsere Eltern jedes unserer künstlerischen Werke ungeachtet seiner Qualität freudestrahlend entgegennahmen.

Michail Gorbatschow

Michail Gorbatschow wird am 11. März 1985 im Alter von 54 Jahren Generalsekretär der Kommunistischen Partei der Sowjetunion (KPdSU). Seine Politik ist innenpolitisch vor allem durch zwei Schlüsselwörter gekennzeichnet: „Glasnost" (Offenheit), eine Demokratiebewegung, die für mehr Meinungsfreiheit beim Volk und mehr Transparenz in der Politik sorgen soll; und „Perestroika" (Umbau), Reformbewegungen, die Gorbatschow im wirtschaftlichen und sozialen Bereich der Sowjetunion in Gang setzt. Außenpolitisch macht er sich für die Abrüstung stark. 1987 unterzeichnet er gemeinsam mit US-Präsident Ronald Reagan einen Vertrag, der den Abbau aller atomaren Mittelstreckenraketen festlegt („Nulllösung"). Gorbatschow ist maßgeblich am Ende des Kalten Krieges und der Deutschen Wiedervereinigung beteiligt. Im Dezember 1990 wird ihm für seine Verdienste um den Weltfrieden und seinen innenpolitischen Einsatz der Friedensnobelpreis verliehen.

Alle Jahre wieder ...
Weihnachten mit Barbie
und Action-Man

Am 24. Dezember durften wir tagsüber
nicht ins Wohnzimmer, in dem – das
wussten wir natürlich – unsere
Geschenke auf uns warteten. Und zwar
unter dem Baum, den das Christkind
mithilfe unserer Eltern feierlich
schmückte. Also vertrieben wir uns die
Zeit bis zur Bescherung mit Fernsehen,
Plätzchenessen oder Gesellschaftsspielen. Dann, als es draußen endlich
dämmerte, befreite uns das Christkind
mit einem Glockenbimmeln von
unserer Neugierde.

Die Mädchen unter uns freuten sich
vor allem über die Barbie-Puppen mit
ihren glitzernden Kleidern und den
langen Haaren. Eine treue Freundin
wurde auch „Baby Born", die wir
fütterten und streichelten, ihre Tränen
trockneten und ihr bei Bedarf sogar
die Windeln wechselten. Viel Zeit
verbrachten wir auch mit „My little
Pony": Das Tollste an den bunten
Plastikpferden waren ihre Mähnen
und Schweife, denn die konnte man
nach Belieben kämmen oder zu
Zöpfen flechten.

Eine Barbie zu Weihnachten
war unser ganzer Stolz.

Die Jungs freuten sich, wenn sie mit Duplo- und etwas später dann auch mit Legosteinen fantastische Gebilde herstellen konnten. Oder aber sie robbten mit verschiedensten Modellautos bewaffnet auf dem Teppich herum, der einem überdimensionalen Stadtplan glich, und spielten „Einparken" oder „Stau". Auch die „Action-Man"- und die „Masters-of-the-Universe"-Figuren sorgten für ein breites Strahlen auf den Gesichtern der größten Rabauken. Nach einem Fest mit so tollen Geschenken konnten wir es kaum erwarten, sie im Kindergarten stolz zu präsentieren. Natürlich war jeder felsenfest davon überzeugt, das großartigste Geschenk überhaupt bekommen zu haben.

Das Geiseldrama von Gladbeck

Am 16. August 1988 beginnt die öffentliche Inszenierung eines Verbrechens: Hans-Jürgen Rösner und Dieter Degowski überfallen eine Filiale der Deutschen Bank in Gladbeck und fliehen mit zwei Geiseln und etwa 300 000 DM. Während ihrer zweitägigen Flucht durch ganz Deutschland werden sie von Journalisten begleitet, denen sie bereitwillig Interviews geben. Millionen Zuschauer können das Verbrechen live im Radio und an den Bildschirmen verfolgen. Bei Bremen überfallen Rösner und Degowski am Abend des 17. August einen vollbesetzten Linienbus und fahren zur holländischen Grenze. Bei dem Versuch der Polizei, den Bus zu stürmen, wird ein 15-jähriger Junge erschossen, ein Polizist stirbt bei einem Verkehrsunfall. Am nächsten Morgen erpressen Rösner und Degowski ein neues Fluchtauto und fahren mit zwei Bremer Geiseln nach Köln. Dort angekommen geben sie umringt von Journalisten und Schaulustigen erneut Interviews, zielen dabei mit ihren Waffen auf sich selbst und umstehende Passanten und verkünden: „Tot sein ist schöner als wie ohne Geld". Eine 18-jährige Geisel wird von Reportern befragt – während ihr der sichtlich unter Drogen stehende Degowski eine geladene Pistole an den Kopf hält. Nach 54 Stunden schafft es die Polizei, das Fluchtfahrzeug auf einer Autobahn zu stoppen. Bei dem anschließenden Schusswechsel stirbt die 18-jährige Geisel. Rösner und Degowski werden zu lebenslänglichen Haftstrafen verurteilt. Der Vorfall entfacht in Deutschland eine hitzige Debatte um Macht und Verantwortung der Medien.

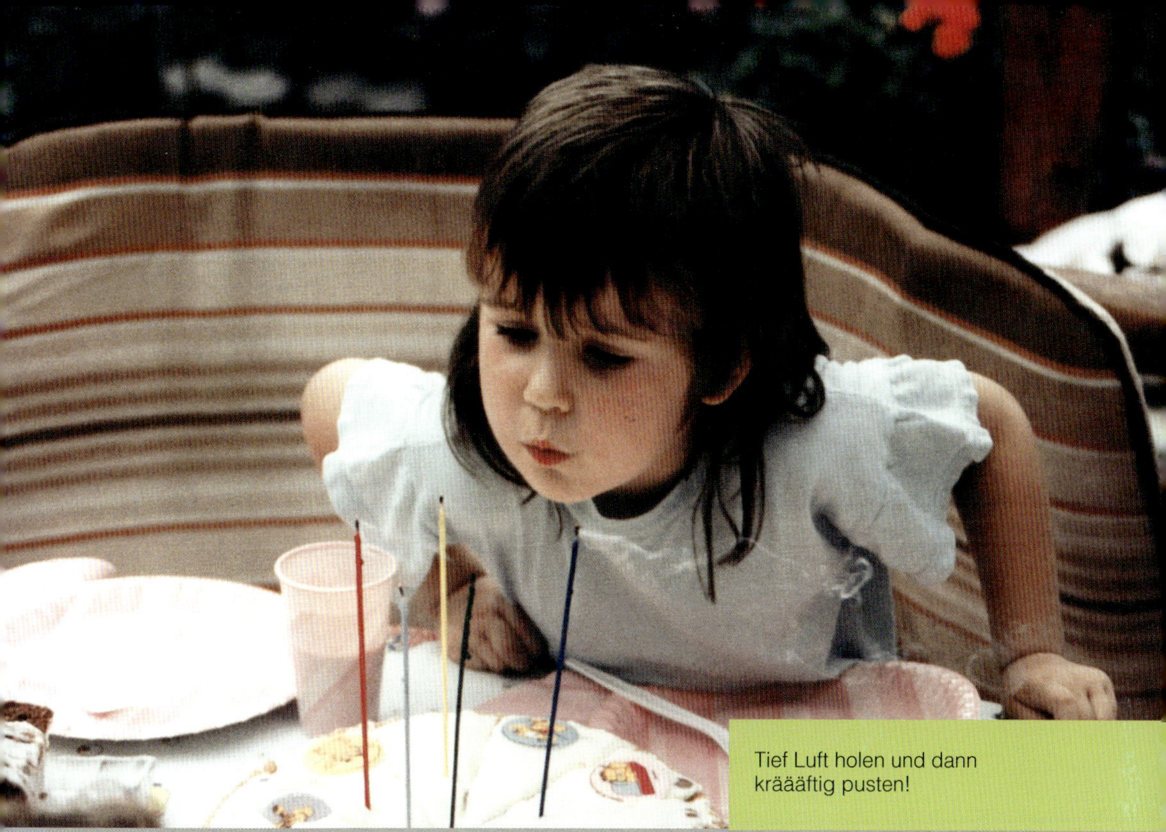

Tief Luft holen und dann kräääftig pusten!

So eine Feierei

Es dauerte nicht lange, da wurden aus unseren neuen Spielkameraden echte Freunde. Man teilte (oder tauschte) das Pausenbrot, lieh sich gegenseitig das Rennauto oder das neueste Barbie-Modell. Zum ersten Mal in unserem jungen Leben wurden wir auf Geburtstagsfeiern eingeladen – und machten uns Gedanken um unsere eigene. Das heißt, eigentlich übernahmen unsere Eltern die gesamte Planung, sie schrieben Einladungen, überlegten sich ein Programm für den Tag und kümmerten sich nebenher auch noch um das Essen.

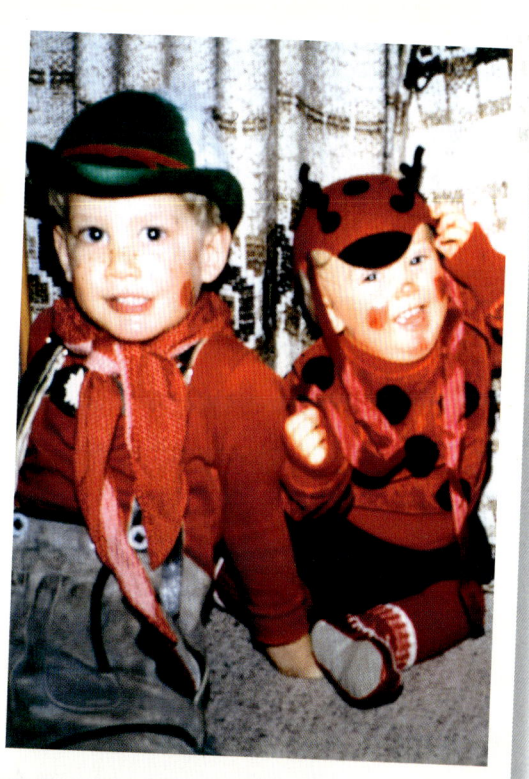

Jäger und „Babbelbäfer“ auf Party-Safari.

Klar, es musste viele Süßigkeiten geben und wenn dann auch noch Hamburger, Pizza oder Pommes serviert wurden, kamen wir uns vor wie im Schlaraffenland. Wir waren damals noch leicht zu begeistern. Wir konnten mit aufgeblasenen Luftballons Volleyball spielen? Prima! Wir durften auf allen vieren und mit verbundenen Augen nach einem Topf schlagen? Wahnsinn! Es war das erste Mal, dass wir diesen besonderen Tag nicht mehr ausschließlich im Kreis der Familie verbrachten. In unseren Freunden und Erzieherinnen aus dem Kindergarten hatten wir zum ersten Mal Bezugspersonen außerhalb der Familie gefunden.

Und jetzt: Gut aufgepasst!

Besondere Momente waren in dieser Zeit die vielen Ausflüge und Aktionen, die wir im Kindergarten miterleben durften. Da kam uns zum Beispiel der Zahnarzt in seinem weißen Kittel besuchen, im Schlepptau ein überdimensional großes Gebiss, an dem er uns demonstrierte, wie man richtig vorzugehen habe beim Kampf gegen Karies und Co. „Immer von Rot nach Weiß, von Rot nach Weiß ...", bläute er uns ein und ließ dazu die riesige Zahnbürste in langsamen, monotonen Bewegungen vom Zahnfleisch zu den Zähnen herabfahren. Ein anderes Mal kam dann ein Polizist zu uns, der uns schon allein durch seine grüne Uniform imponierte. Er erzählte uns viel über Regeln und übte mit uns das richtige Überqueren der Straße.

Das neu erworbene Wissen konnten wir bei den vielen Ausflügen, die wir mit der Gruppe unternahmen, anwenden. Brav hielten wir uns an den Händen, während wir in Zweierreihen hintereinander die Straßen entlangliefen und auf den

Mit Eierkarton und gelber Pappe wurden wir bei der Theateraufführung im Kindergarten zu Enten.

Spielplatz, in den Park oder durch den Wald marschierten. Die Zeit vertrieben wir uns dabei mit Liedern, die wir lautstark hinausgrölten. „Wo ist die Kokosnuss, wo ist die Kokosnuss, wer hat die Kokosnuss geklahahaut?", fragten wir uns gegenseitig, sangen über das kleine Hänschen mit Stock und Hut und fragten uns, „wo die großen Elefanten spazieren geh'n, ohne sich zu stoßen".

Nimmersatte Leseratten

Ruhiger ging es zu, wenn wir uns mit unseren Lieblingsbüchern beschäftigten. Da waren zum einen unsere Malbücher: Mit Bunt- und Filzstiften bewaffnet war keine weiße Fläche darin vor uns sicher. Manchmal übertrug sich unsere „Alles, was weiß ist, muss bunt werden"-Laune auch auf Tapeten. Voller Elan kritzelten wir dann auf den Wänden herum und konnten gar nicht verstehen, dass unsere Eltern sich nicht so recht über unsere Kunstwerke freuten.

Ein anderes Lieblingsbuch war „Der Regenbogenfisch" mit seinen Schuppen in so vielen unterschiedlichen Farben. Oder „Die kleine Raupe Nimmersatt", die sich durch Äpfel, Birnen und Blätter fraß und am Ende zu einem wunder-

4. bis 6. Lebensjahr

schönen Schmetterling wurde. Natürlich waren all diese Geschichten pädagogisch sehr wertvoll, und unsere Eltern hatten sicher im Hinterkopf, dass wir auf diese spielerische Art und Weise etwas lernten.

Die Ansammlung von schwarzen Buchstaben verstanden wir noch nicht. Aber weil wir die Geschichten so oft vorgelesen bekamen, konnten wir dabei schon fast fehlerfrei mitsprechen.

So ging es uns auch mit unseren Lieblingskassetten. Wir wünschten uns, wie Bibi Blocksberg mit einem einfachen „Hex, hex!" alles herbeizaubern zu können und auf einem Besen wie Kartoffelbrei zu fliegen. Benjamin Blümchens „Törööö!" konnten wir täuschend echt imitieren. Vor allem die Jungs unter uns waren fasziniert von Tim, Karl, Klößchen und Gabi, kurz TKKG. Wie gerne hätten wir selbst solche Kriminalfälle gelöst! Unser Berufsziel war natürlich klar: Wir werden Detektive! An Vorbildern mangelte es nicht, denn neben TKKG gab es ja auch noch die Drei Fragezeichen, Justus, Peter und Bob.

Unsere großen Vorbilder? Freche Hexen und mutige Detektive.

Kleine Modesünder

Dass sich über Geschmack streiten lässt, wussten wir damals noch nicht. Wie? Unsere weißen Leggings mit den pinken Punkten passten nicht zu dem lila Schlabberpulli? Und warum sollte man als Junge nicht diesen blassrosa Pullover zur Hose mit den bunten Sternchen tragen? Das konnten wir nun wirklich nicht verstehen. So langsam wollten wir mitbestimmen, was wir denn da so eigentlich am Leib trugen. Um unsere Haare kümmerten wir uns nun entweder selbst oder begaben uns in die Hände eines hilfsbereiten Geschwisterchens, das sich liebevoll bereit erklärte, uns einen neuen, modischen

Sternchenhose und rosa Pulli? Todschick!

Haarschnitt mit der Küchenschere zu verpassen. Bei den Mädchen waren knallbunte Haargummis und Spangen Pflicht. Wir lernten, unser Haar zu flechten und manchmal machten wir uns Zöpfe, am liebsten so, wie Pippi Langstrumpf sie hatte.

Faszinierende Filme

Filme fanden wir richtig toll. Zwar erlaubten uns Mama und Papa nicht allzu oft, vor dem Fernseher zu sitzen, aber gerade das machte es zu einem besonderen Erlebnis. Manchmal guckten sie auch mit uns zusammen. Zum Beispiel sonntags, wenn wir um halb zwölf das Fernsehen einschalteten, um „Die Sendung mit der Maus" nicht zu verpassen.

In dieser Zeit machten wir auch unsere ersten Erfahrungen mit einem Mann, dessen Filme uns noch viele Jahre begleiten sollten: Walt Disney. Wir sahen „Susi und Strolch" dabei zu, wie sie gemeinsam an einer Spaghetti saugten, schwangen uns mit Mogli auf Lianen in „Das Dschungelbuch" und waren fasziniert von der Unterwasserwelt in „Arielle, die Meerjungfrau".

Doch nicht nur unsere Comichelden mussten Abenteuer bestehen, auch uns traf es. Gerade, als wir die Größten im Kindergarten waren, schwirrte das Wort „Grundschule" durch die Luft. Viel konnten wir uns darunter nicht vorstellen, selbst wenn wir von unseren Eltern oder größeren Geschwistern mit allen möglichen Informationen versorgt wurden. Hausaufgaben würden wir machen müssen, erzählten sie uns. Und Lesen sollten wir dort lernen, sagten sie. Und bald könnten wir mehr als nur unseren eigenen Namen schreiben, versicherten sie uns. Kein Wunder, dass die meisten von uns es nach so viel Ermunterung kaum erwarten konnten, in die Grundschule zu gehen. Und ehe wir uns versahen, war es so weit: Wir wurden eingeschult.

Mit unseren Freunden machte das Fernsehen noch mehr Spaß.

Mauerfall und Wiedervereinigung

13. August 1961
Mit dem Bau einer Mauer durch Berlin wird die endgültige Abriegelung der DDR vollzogen.

2. Mai 1989
Ungarische Soldaten beginnen an der Grenze zu Österreich mit dem Abbau der elektronischen Sicherungsanlagen.

7. Mai 1989
In der DDR werden die Ergebnisse der Kommunalwahlen bekannt gegeben. Zahlreiche Bürger protestieren gegen die Wahlfälschungen. Seit Juni finden an jedem Siebten des Monats Demonstrationen statt, um an diesen Betrug zu erinnern.

August/September 1989
120 000 DDR-Bürger stellen einen Antrag auf Ausreise in die Bundesrepublik. Andere versuchen, durch die Besetzung der Botschaften in Prag, Budapest, Warschau und Ostberlin ihre Ausreise zu erzwingen.

11. September 1989
Ungarn öffnet seine Grenze nach Österreich auch für DDR-Bürger. Es kommt zur Massenflucht.

18. Oktober 1989
Egon Krenz löst Erich Honecker als Generalsekretär der Sozialistischen Einheitspartei Deutschlands (SED) ab.

4. November 1989
Etwa 400 000 Menschen fordern bei der größten Massendemonstration in der Geschichte der DDR auf dem Ostberliner Alexanderplatz mehr Freiheit und Demokratie.

9. November 1989
Günter Schabowski, Mitglied des Politbüros der SED, verkündet auf einer internationalen Pressekonferenz vor laufenden Kameras, dass Reisen ins Ausland ohne besondere Voraussetzungen möglich seien. Diese Regelung trete „sofort, unverzüglich" in Kraft. Damit ist die Mauer nach 28 Jahren gefallen. Unter tosendem Jubel feiern Menschen in beiden Teilen Deutschlands die Grenzöffnung.

12. September 1990
Der „Zwei-plus-vier-Vertrag" zwischen England, Frankreich, den Vereinigten Staaten von Amerika, der Sowjetunion sowie DDR und Bundesrepublik wird unterzeichnet. In zehn Artikeln werden darin die außenpolitischen Fragen des geeinten Deutschlands geregelt, das seine volle Souveränität wiedererlangt.

3. Oktober 1990
Am Tag der deutschen Einheit tritt die DDR offiziell der Bundesrepublik Deutschland bei.

1991-1994

Wunderbare Grundschulzeit

Los geht's ...

Unser erster Schultag musste zelebriert werden: Nicht wenige von uns steckten ein weißes Hemd in die Hose oder zogen zu schicken Kleidchen ihre geliebten Lackschuhe an. Wie fast jedes Kind, das damals eingeschult wurde, trugen auch wir einen „Scout"-Ranzen auf dem Rücken. Es gab die schlichten, einfarbigen Modelle, andere bevorzugten blaue, gelbe und lilafarbene

Chronik

30. April 1991
In Zwickau läuft der letzte Trabant vom Band, insgesamt wurden über drei Millionen „Trabis" hergestellt.

24. November 1991
Der britische Musiker Freddy Mercury, Leadsänger der Band „Queen", stirbt im Alter von 45 Jahren.

3. März 1992
Bosnien-Herzegowina erklärt seine Souveränität.

3. November 1992
Der 46-jährige Bill Clinton, Kandidat der Demokratischen Partei, gewinnt die Präsidentschaftswahlen in den USA.

1. Januar 1993
Die Tschechoslowakei wird aufgelöst. In Europa entstehen durch die Teilung zwei neue Staaten: die Tschechische Republik und die Slowakei.

6. Oktober 1993
In Deutschland werden 373 Personen durch aidsverseuchte Blutkonserven mit dem HI-Virus infiziert.

1. November 1993
Der Vertrag von Maastricht, der die Grundlage zur Gründung der EU bildet, tritt in Kraft.

1. Mai 1994
Beim Grand Prix von San Marino kommt der brasilianische Formel-1-Weltmeister Ayrton Senna bei einem schweren Unfall ums Leben. Michael Schumacher gewinnt in dieser Saison zum ersten Mal den Weltmeistertitel.

9. Mai 1994
Nelson Mandela wird zum ersten schwarzen Präsidenten Südafrikas gewählt.

23. Mai 1994
Die Bundesversammlung wählt Roman Herzog (CDU) zum deutschen Bundespräsidenten.

28. September 1994
Auf der Ostsee sterben 918 Menschen, als die Fähre „Estonia" sinkt.

Sterne auf pinkfarbenem Untergrund. Am ersten Schultag war unser Scout noch recht leicht. Nur einen Block und unser neues Federmäppchen hatten wir eingepackt, in dem es für jeden Stift eine extra Gummilasche gab. Sogar für einen Spitzer und das Radiergummi gab es einen Extraplatz. Bevor wir uns auf den Weg machten, bekamen wir von unseren stolzen Eltern noch eine riesige Schultüte überreicht.

In der Schule angekommen, wurden wir nach einer feierlichen Ansprache in die unterschiedlichen Klassen – 1a, 1b oder 1c – eingeteilt. Das Durcheinander war groß, aber

Unser großer Tag war gekommen.

Eins der unzähligen Klassen-
fotos unserer Grundschulzeit.

schließlich hatte jeder von uns in seinem neuen Klassenzimmer dank der Namensschilder seinen Sitzplatz gefunden. Wir lächelten in die Fotoapparate unserer Eltern, verglichen unsere Schultüte mit der des Banknachbarn und versuchten zu schätzen, welche wohl schwerer war. Der Reihe nach stellten wir uns den Klassenkameraden vor, erzählten von unseren Hobbys oder Geschwistern. Der Lehrer sprach viel über das kommende Schuljahr, wie unser Stundenplan aussehen würde und was wir würden besorgen müssen: Hefte mit und ohne Kästchen, mit Rand und ohne Rand, einen großen Zeichenblock und einen Malkasten mit Wasserfarben.

Nach ein paar Stunden war er dann auch schon vorbei, unser erster Schultag. Wieder zu Hause angekommen, konnten wir endlich unsere Schultüte öffnen und die kleinen Schätze auspacken: Süßigkeiten und Obst, neue Malstifte oder Kartenspiele. Mancher Junge entdeckte in den Tiefen seiner Tüte gar ein neues Spiel für den Game-Boy. Seit 1990 konnte man diesen kleinen grauen Kasten in Deutschland kaufen und nur wenige Kinder konnten sich damals dessen Suchtpotenzials erwehren. Bei den Mädchen war es vielleicht ein kleines Plastikkästchen in Form eines Herzens, das sich beim Aufklappen als kleines Puppenhaus herausstellte. „Polly Pocket" gab es auch als Blume oder Muschel und hatte die perfekte Größe, um es im Schulranzen oder eben in der Hosentasche bei sich zu tragen.

Ötzi, der Mann aus dem Eis

Am 19. September 1991 sind die beiden Deutschen Erika und Helmut Simon in den Ötztaler Alpen in Südtirol unterwegs. Während ihrer Wanderung entdecken sie eine im Eis eingeschlossene Leiche. Zuerst vermuten sie, einen verunglückten Bergsteiger gefunden zu haben. Tatsächlich aber war es eine 5300 Jahre alte Leiche, die unter dem Namen „Ötzi"

Berühmtheit erlangen und die Wissenschaft über Jahrzehnte hinweg beschäftigen wird. Experten finden heraus, dass die Leiche aus der Jungsteinzeit stammt, dass Ötzi etwa 47 Jahre alt wurde und circa 1,60 Meter groß gewesen sein muss. Die Untersuchungen liefern den Wissenschaftlern vollkommen neue Erkenntnisse über die Jungsteinzeit.

Unsere ersten Diktate schrieben wir noch in drei Linien.

Lesen lernen mit Mimi

Pünktlich um acht Uhr saßen wir nun jeden Tag in der Schule. Manchmal wurden wir von unseren Eltern dorthin gebracht, manchmal begleitete uns auch unser großer Bruder oder die ältere Schwester. Es sollte noch eine Weile dauern, bis wir den Weg ganz alleine laufen durften.

Zu Beginn unserer schulischen Laufbahn hatten wir noch nicht allzu viele Unterrichtsfächer. Zwar gab es auch Religion, Musik, Kunst und Werken, doch die meiste Zeit waren wir damit beschäftigt, Rechnen, Schreiben und Lesen zu lernen. Wir hatten großartige Hilfe. Die hieß entweder „Mimi, die Lesemaus", „Uli, der Fehlerteufel", „Quiesel" oder „Fara & Fu". In unseren Büchern kamen die Figuren immer wieder vor und erklärten uns zum Beispiel, was der Unterschied zwischen einem einfachen i und dem ie ist. Unzählige Male übten wir das Schreiben einzelner Buchstaben. Zur Orientierung gab es in unseren Heften drei Linien: Die kleinen Buchstaben kamen in das mittlere Feld (das Haus), bei Großbuchstaben war ein Teil im oberen Feld (das Dach), und nur selten, zum Beispiel beim kleinen g nutzten wir das untere Feld (der Keller).

7. bis 10. Lebensjahr

Das mit dem Rechnen war auch so eine Sache. „Wenn Tom in seinem Korb fünf Äpfel hat, und Lisa einen davon herausnimmt und zwei neue dazulegt, wie viele Äpfel bleiben Tom dann übrig?" Eine Frage, über die wir uns zu Beginn unserer Schulzeit lange die Köpfe zerbrechen mussten. Zum Glück hatten wir unsere zehn Finger, an denen wir solche Sachen abzählen konnten.

Im ersten Schuljahr benutzten wir für unsere Schreibversuche nur Bleistifte, denn so konnten wir Fehler mit unserem „Ratzefummel" prima ausbessern. Als wir aber älter wurden und das mit dem Schreiben immer besser klappte, durften auch wir endlich mit einem Füller schreiben. Wie fast jedes Kind in unserem Alter hatten auch wir den Holzfüller der Marke Lamy. Der Deckel und die Federhaltung waren ebenso rot wie der kleine Kunststoffwürfel am Ende, der das Wegrollen verhindern sollte. Auf dem Deckel gab es einen kleinen Papierstreifen, auf den wir unseren Namen schreiben konnten, so waren Verwechslungen ausgeschlossen.

Der einzige Nachteil an den Füllern war, dass wir unsere kleinen Missgeschicke nun nicht mehr so leicht vertuschen konnten. Einen „Tintenkiller" durften wir nämlich noch nicht benutzen. Und der Ernst der Lage war uns durchaus bewusst, schließlich bekamen wir nach jedem Halbjahr ein Zeugnis überreicht, und da sollte, wenn möglich, nur Gutes über uns zu lesen sein.

Das Paradies der Tante Emma

Für viele waren die Pausen das Schönste an der Schule. Da holten wir uns in der Cafeteria Mohrenkopfbrötchen, einen Kakao oder eine Milchschnitte. Auf dem Schulhof veranstalteten die Mädchen Wettbewerbe im Gummitwist oder gingen alle Varianten der Händeklatschspiele durch: „Beim Nachbar hat's gebrannt, brannt, brannt, da bin ich schnell gerannt,

Fußball wurde zur Freizeitbeschäftigung Nummer eins.

rannt, rannt" oder „Oh, ponny ponny ponny, macceronni ronni ronni, futschidei dei dei, papagei gei gei". Die Jungs rasten am liebsten über den Hof, vorzugsweise einem Ball hinterher. Nach Schulschluss – meist hatten wir nur wenige Stunden am Tag und konnten bereits um zwölf Uhr wieder unsere Sachen packen – gingen wir gerne in den Tante-Emma-Laden. Der lag meist direkt gegenüber der Schule und wir suchten uns dort aus den vielen Plastikbehältern für 50 Pfennig neben Colakrachern, Gummifröschen oder sauren Stangen auch Brause-Ufos, Schlümpfe oder Plastikmuscheln zum Ausschlecken aus.

In den Tante-Emma-Läden gab es neben Süßem und Saurem auch unsere Lieblingszeitschriften. Jungs konnten sich tagelang mit einer Ausgabe „Yps" beschäftigen, die einige noch von ihren Vätern kannten. Die beigelegten Gimmicks waren jedes Mal eine kleine Sensation. Neben den schon legendären Urzeitkrebsen wurde da zum Beispiel ein Agentenausweis mitgeliefert. Oder es gab ein schwarzes Pulver, mit dem man Fingerabdrücke sichtbar machen konnte oder ein Um-die-Ecke-Guck-Rohr. Neben „Yps" hatte auch „Micky Mouse" tolle Beilagen: neben Agentenzubehör zum Beispiel Pupskissen oder verschiedenes Zubehör für Zaubertricks.

Jungs begannen sich in dieser Zeit für Fußball zu interessieren. Manche von ihnen gingen mittlerweile in Vereine, um ihren Vorbildern aus den Zeitschriften nachzueifern. Klar, dass da auch die Kicker-Magazine nicht fehlen durften. Für viele Mädchen war die Grundschule der Beginn ihrer Pferde-Phase. „Wendy" oder „Lissy" waren jetzt angesagt, als Zeitschriften, Bücher und Poster an den Zimmerwänden.

Tauschbasar

Eine unserer wichtigsten Neuentdeckungen in der Grundschule waren die Sticker. Nun muss man allerdings wissen, dass Sticker nicht gleich Sticker ist. Wir hatten ein ausgeklügeltes Wertesystem. Ganz unten standen dabei die normalen Papieraufkleber. Die waren zwar je nach Motiv hübsch anzuschauen, aber dennoch nichts Besonderes. Erstrebenswerter war da schon der Besitz von Glitzeraufklebern. Aber selbst der glitzerndste Sticker verblasste gegen die Königsklasse unter den Aufklebern: die aus Stoff! In unseren Stickeralben gab es streng getrennte Seiten für die unterschiedlichen Arten. Das machte es

nicht nur übersichtlicher für uns, sondern erleichterte auch den Tauschhandel mit unseren Freunden. Für einen Stoffaufkleber gab es manchmal gleich drei glitzernde, und für einen aus Papier bekam man auch nur einen solchen zurück.

Unsere Lehrer wussten von unseren Vorlieben und zur Belohnung für besonders gute Heftführung oder ein fehlerfreies Diktat gab es auch mal einen Stoffaufkleber in das Heft. In dieser Zeit kamen uns natürlich auch die vielen Sammelhefte wie gerufen. Egal, ob es sich dabei um Disney-Filme, Fernsehserien oder Fußballereignisse handelte: Von unserem Taschengeld (wir bekamen schon bis zu zwei Mark pro Woche) kauften wir fleißig Aufkleber im Fünferpack und hofften inständig, dass keiner dabei wäre, den wir schon hatten. Zum Glück teilten unsere Freunde unsere Leidenschaft, sodass wir doppelte Sticker untereinander tauschen konnten und sich unsere (Panini-)Alben schnell füllten.

Und wir lernten noch eine andere Art von Album kennen: das Poesiealbum. Vielen Jungs war das zu kitschig, aber jedes Mädchen hatte eins und jedes schrieb in das ihrer Freundinnen. Sogar Großeltern und Lieblingslehrer mussten sich in den kleinen Büchern verewigen. Wir versicherten uns mit den Sprüchen die immerwährende Freundschaft. „Wenn die Flüsse aufwärts fließen, wenn die Hasen Jäger schießen, wenn die Mäuse Katzen fressen, dann erst werd' ich dich vergessen!", schrieben wir, oder „Wenn Berg und Tal sich trennen und wir uns nicht mehr kennen, dann schau auf dieses Blatt, wer das geschrieben hat". Aber dabei beließen wir es natürlich nicht. Wir malten mit Bunt- und Filzstiften auf die Seiten, klebten Sticker, Postkarten und Fotos ein und waren sichtlich stolz, wenn sich unser eigenes Album langsam füllte – denn Poesiealben waren auch so etwas wie ein Beliebtheitsbarometer.

Beliebtheit – das war schon in der Grundschule ein wichtiges Thema. Hier und da gab es die ersten kleineren Lästereien, vor allem unter den Mädchen. Wer wurde zum Klassensprecher gewählt? Wer hatte am meisten Freundschaftsbänder am Arm? Und wer wurde auf die meisten Geburtstagsfeiern eingeladen?

Happy birthday to you!

Geburtstagsfeiern waren noch immer das Größte und bei der Planung redeten wir nun auch mit, zum Beispiel bei den Spielen. Einer unserer Favoriten war das Wurstschnappen. Dafür hängten unsere Eltern kleine Wiener Würstchen an eine Schnur und hielten sie an zwei Enden gespannt fest. Für uns Kinder galt es nun, ohne Hilfe unserer Hände die aufgeleinten Würstchen so schnell wie möglich zu verputzen. Möglichst schnell essen mussten wir auch bei einem anderen Spiel: Sobald wir eine Sechs gewürfelt hatten, mussten wir Handschuhe, Schal und Wollmütze anziehen und uns dann mit Messer und Gabel so lange über eine dick in Zeitungspapier eingewickelte Tafel Schokolade hermachen, bis jemand in der Runde die nächste Sechs gewürfelt hatte. Etwas, das wir erst später dazulernten, war das Flaschendrehen. Was waren wir nervös, wenn die Flasche im Sitzkreis auf uns zeigte. Was würden wir tun müssen? Etwa einen Jungen auf die Backe küssen? Igitt! Oder ein Mädchen fünf Sekunden lang umarmen? Gott bewahre! Trotzdem es uns peinlich berührte, mit dem anderen Geschlecht in näheren Kontakt zu kommen, kam die Flasche mit zunehmendem Alter bei unseren Festen immer häufiger zum Einsatz.

Ein weiterer Klassiker: das Flaschendrehen.

Stützräder und Schwimmflügel ade

Nach wie vor waren auch die Geburtstagsgeschenke eine wichtige Sache für uns. Eins der tollsten war damals das erste eigene Fahrrad – ohne Stützräder. Kein Problem für uns, dachten wir. Was soll schon dabei sein? Als wir dann

Und mit ein bisschen Übung würde es auch bald ganz ohne Schwimmflügel klappen.

aber mit Mama und Papa auf dem Hof übten, stellte sich die Sache mit dem verflixten Gleichgewicht doch als größeres Problem dar. Doch wir schafften es. Und gehörten damit ein bisschen mehr zu den Großen, das spürten wir ganz genau.

Nun wollten wir auch das Schwimmen ohne Flügelchen lernen. Doch bevor wir unser erstes Abzeichen, das Seepferdchen, bekamen, hatten wir noch manchen Liter Chlorwasser geschluckt.

Faszinierende Fernsehwelt

Gemeinsam mit unseren Eltern verbrachten wir so manchen Abend vor dem Fernseher. Wir suchten nach dem Lösungswort beim „Glücksrad", freuten uns mit Linda de Mol für die Paare der „Traumhochzeit", hielten gespannt den Atem an, wenn „Die 100 000 Mark Show" an die Stelle mit dem heißen Draht kam und

35

stellten uns bei der „Mini Playback Show" vor, selbst einmal durch die Zauberku-
gel zu gehen und als Superstar wieder herauszukommen.

Wenn wir nachmittags allein vorm Fernseher saßen, sah das Programm anders
aus. Da guckten wir zum Beispiel „Die Schlümpfe", „Georgie" oder „Lady Oscar".
Etwas später kamen dann „Sailor Moon" und „Mila Superstar" hinzu.

Die Jungs konnten sich für andere Serien begeistern. Zum Beispiel für „Die
tollen Fußball-Stars" mit ihrem Kapitän Tsubasa. Oder die „Kickers", die trotz
ihres Torwarts Mario erst erfolgreich gegen den Erzrivalen Teufel spielen konnten, als der Neue, Gregor, zum Team gestoßen war. Am liebsten aber waren
ihnen die „Teenage Mutant Hero Turtles" mit den vier mutierten Schildkröten
Donnatello, Michelangelo, Leonardo und Raphael.

… und dann?

Allzu häufig durften wir selbstverständlich nicht vor dem Fernseher sitzen,
schließlich waren andere Sachen, die Schule zum Beispiel, viel wichtiger –
auch wenn wir meist anderer Meinung waren. Aber mit dem Ende der vierten
Klasse wurde entschieden, welche Schule wir nun besuchen sollten: Hielt uns

Gemeinsam mit den Freunden aus der Grundschule haben wir viel erlebt.

der Klassenlehrer für geeignet, auf ein Gymnasium zu gehen? Oder waren Real- oder gar Hauptschule die bessere Alternative? Mit einer Mischung aus Vorfreude und Unsicherheit nahmen wir unser letztes Zeugnis der Grundschule entgegen und waren gespannt auf das, was kommen würde.

7. bis 10. Lebensjahr

1995-1998

Mit großen Schritten in die Pubertät

Neue Schule – neue Freunde

Vier Jahre war es nun her, dass wir Kinder vom Jahrgang 1985 eingeschult wurden – jetzt standen wir wieder in einer neuen Schule, umgeben von neuen Klassenkameraden und unbekannten Lehrern. Egal, ob es sich bei unserer weiterführenden Schule um eine Haupt- oder Realschule handelte oder wir

Chronik

24. August 1995
Microsoft beginnt mit dem Verkauf des Betriebssystems Windows 95.

4. November 1995
Israels Ministerpräsident und Friedensnobelpreisträger Yitzhak Rabin wird beim Verlassen einer Friedenskundgebung in Tel Aviv von einem jüdischen Extremisten ermordet.

21. März 1996
Mit „Toy Story" kommt der erste komplett am Computer entstandene Film in deutsche Kinos.

30. Juni 1996
Nach einem 2:1-Sieg über die Tschechen wird die deutsche Nationalelf Europameister.

5. Juli 1996
In Schottland kommt „Dolly", das erste geklonte Schaf, zur Welt.

1. Januar 1997
Kofi Annan tritt sein Amt als neuer Generalsekretär der UNO in New York an.

27. Juli 1997
Radprofi Jan Ullrich gewinnt als erster Deutscher die Tour de France.

31. August 1997
Bei einem Autounfall verunglückt die britische Prinzessin Diana tödlich.

5. September 1997
Mutter Teresa stirbt im Alter von 87 Jahren in Kalkutta.

20. April 1998
Die Nachrichtenagentur Reuters erhält einen Brief, in dem sich die terroristische Rote Armee Fraktion (RAF) nach fast 28 Jahren für aufgelöst erklärt.

3. Juni 1998
Bei einem ICE-Unglück kommen im niedersächsischen Eschede 101 Menschen ums Leben.

1. August 1998
Mit einer Übergangszeit von sieben Jahren wird die neue Rechtschreibung für alle Schulen und Behörden offiziell eingeführt.

Wieder wurden aus neuen Klassenkameraden gute Freunde.

das Gymnasium besuchten: Wir waren nun wieder die Kleinsten. Und trafen auf dem Schulhof auf richtige Erwachsene, die nicht nur bis zu acht Jahre älter, sondern auch noch zwei Köpfe größer waren als wir. Und das war nicht die einzige Neuerung.

Unser Stundenplan änderte sich deutlich, wir hatten viel mehr Stunden und ganz neue Fächer. Zum ersten Mal wurden wir in Englisch und Geschichte unterrichtet, später kamen unter anderem noch Chemie und Physik hinzu. Wir hatten auch keinen richtigen Klassenlehrer mehr, so wie wir das aus der Grundschule kannten. Stattdessen kam für fast jedes Fach eine andere Person ins Klassenzimmer.

Doch irgendwann war das Eis gebrochen, wir spielten nicht mehr

11. bis 14. Lebensjahr

nur auf dem Schulhof miteinander, sondern fragten auch „Wann kannst du denn mal?", wenn wir uns nachmittags mit jemandem treffen wollten. Und so lernten wir – schon wieder – wie schnell aus Fremden Freunde werden können.

Die größte aller Veränderungen waren in dieser Zeit allerdings wir selbst. Wir fühlten uns nicht mehr wie kleine, niedliche Kinder. Und als solche wollten wir auch nicht mehr behandelt werden. Wir hatten jetzt unseren eigenen Kopf, und den wollten wir auch durchsetzen. Klar, dass das zu dem einen oder anderen Streit mit unseren Eltern und Geschwistern führte. So richtig, da waren wir uns sicher, konnten die uns jetzt eh nicht mehr verstehen – im Gegensatz zu unseren Freunden. Die wurden immer wichtiger für uns, als Spielkameraden, Zuhörer und Verbündete.

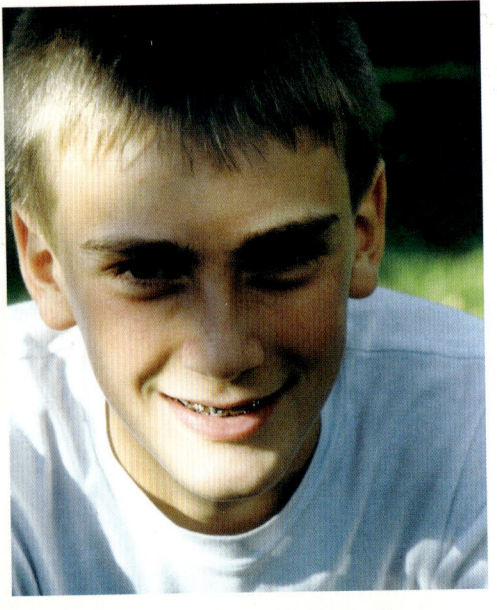

Es blinkte und blitzte fast aus jedem Mund.

Alles ändert sich

Unsere kindlichen Körper begannen sich zu entwickeln. Man bekam den ersten BH oder Rasierapparat gekauft, selbst wenn beides noch kaum nötig war. Der Besuch beim Kieferorthopäden blieb fast niemandem von uns erspart, und auch mit dem Optiker machten viele von uns Bekanntschaft. Da waren wir also, mit unseren Pickeln, Zahnspangen und Brillen. Kein Wunder, dass wir unsere Freunde brauchten, schließlich verstanden nur sie, was in uns vorging, ihnen ging es schließlich genauso – und geteiltes Leid war halbes Leid. Im Laufe der Zeit gehörte jeder von uns einer bestimmten Clique an. Die konnte aus den Sitznachbarn in der Klasse bestehen, den netten Leuten aus dem Jahrgang über uns oder den Bekannten aus dem Sportverein. Wichtig war, dass wir irgendwo dazugehörten.

In der Pubertät machten wir
uns über vieles Gedanken.

Im Sommer verbrachten wir einen großen
Teil unserer freien Zeit im Freibad.
Mittlerweile gingen wir natürlich nicht
mehr nur ins Schwimmbad, weil wir so
gern im Wasser planschten. Wir gingen
dorthin, um die coolen Jungs auf dem
Drei-Meter-Brett zu beobachten oder die
Mädchen, die sich in ihren Badeanzügen
in der Sonne räkelten. Selbstverständlich
hätten wir das so niemals zugegeben,
offiziell beachteten wir das andere
Geschlecht gar nicht – und ließen es
doch nicht aus den Augen.

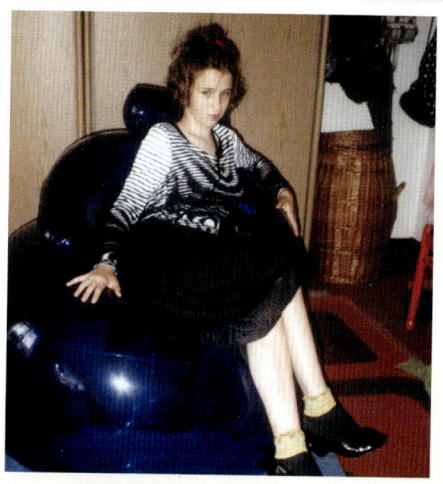

Ständig erfanden wir unseren
Modegeschmack neu.

Von Mäusen, Schnecken und Schafen

„Diddl" wurde am 24. August 1990
geboren und zwar von dem Zeichner
Thomas Goletz. Da glich sie allerdings
eher noch einem Känguru, nur die großen
Füße und die Latzhose erinnerten an die
spätere Version. Zunächst sah man sie
hauptsächlich auf Postkarten, aber als wir
die Maus für uns entdeckten, gab es sie
schon auf Blöcken, Briefpapier, Stiften,
Linealen und natürlich als Plüschfigur.

So toll die Maus auch war, die Konkur-
renz ließ nicht lange auf sich warten. Zum
Beispiel in Form der Steinbeck-Schne-
cken, die es mit Häusern in mehreren
Farben und Mustern gab. Sogar ein
Schnecken-Hochzeitspaar gab es zu

kaufen. Wer nach Diddl und Steinbeck-
Schnecken noch nicht genug Plüschtiere
hatte, konnte auch noch auf die kleinen
Schafe von Nici zurückgreifen, in Schwarz
und Weiß gab es sie, mit Halsglöckchen
oder Mütze und Schal.

Konkurrenz bekam Diddl von den Nici-Schafen.

41

Neue Freizeitbeschäftigung:
Elektronische Haustiere und die BRAVO

Als wir zwölf Jahre alt waren, kam ein neues Spielzeug auf den Markt, das wir abgöttisch liebten und das unsere Eltern und Lehrer mit seinem ständigen Piepsen nervte: das Tamagotchi. Es dauerte nur wenige Wochen, und jeder in unserer Umgebung hatte eins der kleinen elektronischen Haustiere, manche sogar gleich mehrere. Per Knopfdruck leiteten wir die Geburt des Kükens ein und kümmerten uns in den nächsten Wochen um seine Pflege. Wir fütterten es, spielten mit ihm und machten sauber, wenn uns ein großer Pixelhaufen signalisierte, dass unser Küken gerade sein zutiefst elektronisches Bedürfnis verrichtet hatte. Es bekam von uns Spritzen und Streicheleinheiten. Und wenn wir es wagten, es längere Zeit zu vernachlässigen? Kein Problem, sobald der Reset-Knopf gefunden war, hüpfte erneut ein aufmerksamkeitsbedürftiges Pixelküken über den Bildschirm.

Eine Neuerung gab es auch in unserem Leseverhalten. Im Zeitschriftenregal griffen wir nun – wie schon Generationen vor uns – zur BRAVO. Auch wenn wir nicht alles verstanden, worüber Dr. Sommer da schrieb, wollten wir dennoch nicht auf die Foto-Love-Story und die Poster unserer Lieblingsbands verzichten.

Unser neues, pixeliges Haustier: das Tamagotchi.

David Hasselhoff oder Fanta Vier?

Sollten wir Jahre später unsere allererste CD aus einer verstaubten Ecke kramen, würde sie garantiert für rote Gesichter und schallendes Gelächter sorgen. Bei manchen war das zum Beispiel die Single „Coco Jambo" von Mr. President, oder „Be my lover" von La Bouche. Andere konnten stundenlang DJ

Bobo hören, mit „There is a party", „Freedom" oder „Love is the price". Kannten wir den Musikgeschmack einer Person, wussten wir gleich, wie wir sie einzuschätzen hatten. Da gab es zum Beispiel die Rebellen unter uns, die lautstark bei „Bonnie & Clyde" oder „Alles aus Liebe" der Toten Hosen mitgrölten. Anderen war das viel zu hart, sie standen eher auf seichte Musik, wie „Wish you were here" von Rednex oder das „Abenteuerland" von Pur, in das der Eintritt den Verstand kostete. Oder ihnen gefiel David Hasselhof, den wir schon aus „Baywatch" und „Knight Rider" kannten, und der uns mit Liedern wie „I've been looking for freedom" begeistern konnte, auch wenn das heutzutage kaum jemand zugeben würde. Wieder andere wurden selbst zu kleinen Rappern, wenn sie gemeinsam mit den Fantastischen Vier feststellten: „Sie ist weg".

Phänomen Boygroup

Symptome: Feuchte Teenie-Augen, fanatisches Gekreische, hochrote Köpfe. Mitte der Neunziger grassiert in Deutschland das Boygroup-Fieber. Infiziert haben wir uns bei Gary, Mark, Jason, Howard und natürlich Rooooobiiiiiieeee. Spätestens mit ihrem zweiten Album „Everything Changes" haben uns Take That 1993 davon überzeugt, Götter am Pophimmel zu sein. Sie erfüllen das Boygroup-Klischee perfekt: Fünf gutaussehende Single-Männer, jeder ein unterschiedlicher Typ, um alle Geschmäcker zu bedienen, die den Mädchen singend und tanzend reihenweise die Köpfe verdrehen. Am 13. Februar 1996 trennt sich die Band, die Nachricht versetzt Teenager weltweit in Schock, einige drohen sogar mit Selbstmord.

Große Liebe unserer Jugend: die Backstreet Boys.

Auch Deutschland hat natürlich Boygroups zu bieten, Bed & Breakfast zum Beispiel und Touché. Die sind jedoch bei Weitem nicht so erfolgreich wie die amerikanischen Bands. Allen voran die Backstreet Boys, eine Band, die 1993 von Lou Pearlman ins Leben gerufen wird. Vier Jahre später verkaufen Nick, Howie, AJ, Brian und Kevin mehr als zehn Millionen Exemplare ihres Debütalbums, mit dem sie sich in unsere Herzen schnulzen.

Rotzfrech und rebellisch: Tic Tac Toe.

Die neue Frauenpower

Als wir etwa elf Jahre alt waren, tauchte plötzlich ein neues Wort auf: Girlgroup. Zuerst hörten wir mit Begeisterung den fünf Spice Girls zu und es dauerte nicht lange, da konnten wir den kompletten Text von ihrem Lied „Wannabe" auswendig. Die fünf Engländerinnen imponierten uns gewaltig und mit mindestens einer von ihnen konnten wir uns ganz gut identifizieren. Egal, ob sportlich, ausgeflippt oder schüchtern; es war für jede was dabei.

Erfolgreicher als die Spice Girls war keine Girlgroup, auch nicht das deutsche Trio „Tic Tac Toe". 1996 veröffentlichten sie ihr erstes Album mit Liedern wie „Verpiss dich" oder „Ich find dich scheiße". Laut, frech und selbstbewusst kamen uns die drei Frauen vor. Dabei hörten wir vieles nur, weil die anderen es auch taten. Und „die anderen" waren schließlich sehr wichtig für uns.

Fischgräten und Igelfrisuren überall

Wir wollten dazugehören. Das galt nicht nur für die Musik, die wir hörten, sondern auch für die Kleidung, die wir trugen. Jetzt war es wichtig, dass sie von der richtigen Marke war. Auf Jeans, Pullis und T-Shirts: Überall sah man damals eine Fischgräte. Die Marke „Fishbone" war für uns eine Zeit lang der

Inbegriff von Coolness (überhaupt war bei uns alles nur noch „cool" und „krass" und „geil"). Die Sachen kauften wir in einem der „New Yorker"-Läden, die es inzwischen in fast jeder größeren Stadt gab. Was die Hosen betraf, so machten wir eine absolut bahnbrechende Neuentdeckung. Dass die Schlaghose auch bei unseren Eltern schon mal in Mode war, konnten wir nun wirklich nicht glauben. Ein anderes modisches Muss war damals die Tattoo-kette aus Plastik, die jedes Mädchen um Hals und Handgelenk trug. Jungs entdeckten in dieser Zeit das Haargel für sich und so wimmelte es auf dem Pausenhof von hochgegelten Igelfrisuren. Auf ihren Pullovern und Baseball-Caps prangte das Logo von „Bad + Mad" und immer häufiger besprühten sie sich jetzt mit Unmengen von Deo, vorzugsweise der Marke Axe.

Hauptsache, jeder konnte das Fishbone-Logo erkennen.

Wir fühlten uns cool mit unseren neuen Schlaghosen.

Feiern wie die Großen

Aber warum machten wir uns überhaupt Gedanken um unser Aussehen? Jungs finden Mädchen doch eigentlich eh doof. Und auch Mädchen wissen gar nichts mit Jungs anzufangen. Oder?

Wie erstaunt waren wir, als sich unsere Meinung plötzlich änderte und das andere Geschlecht auf einmal interessant wurde! Die Jungs waren nicht mehr einfach nur doof, manche von ihnen fanden wir sogar richtig süß. Und auch die Jungen merkten, dass Mädchen mehr als kleine zickige Spielverderberinnen sein können. Frischgebackene 13 Jahre alt waren wir nun – und fühlten uns wahnsinnig erwachsen. Der Grund dafür lag auf der Hand und wurde mehrfach im Jahr zelebriert: Wir feierten. Wie die Großen. Dachten wir jedenfalls. Da war nichts mehr mit Wurstschnappen oder Topfschlagen.

Für unsere Feiern waren wir bestens vorbereitet: Für die Mädchen war die Wahl der richtigen Kleidung besonders wichtig. Um die Coolness zu unterstreichen, trug fast jede von uns Plateauschuhe. Auch hier spielte die richtige Marke eine große Rolle und so hatte fast jede von uns damals ein Paar „Buffalos" im Schrank. Wir lernten außerdem Kajal, Lidschatten und Wimpernzange kennen. Ein bisschen mehr Farbe hier, ein kleiner Strich dort, ein wenig Tusche und Gloss zum Abschluss – und schon waren wir Meisterstylistinnen bereit zum Ausgehen.

Die Jungs waren derweil mit ganz anderen Dingen beschäftigt. Schon Tage vor der Party überlegten sie sich, wie sie möglichst unbemerkt Bier (die ganz Mutigen wagten sich sogar an Sekt) besorgen und auf die Party schmuggeln konnten. Schließlich konnten sie nicht einfach in den nächsten Supermarkt spazieren, um welches zu kaufen. Da musste schon der ältere Bruder oder die große Schwester überredet und im Zweifelsfall bestochen werden. Natürlich hat uns Alkohol damals nicht geschmeckt, aber davon ließen sich die Jungs auf ihrem Weg zur Coolness nicht irritieren.

Der Abend begann dann meist recht langweilig. Jungs und Mädchen saßen noch in getrennten Ecken des Raums, ließen sich dabei aber nicht aus den Augen. Aus dem CD-Player verkündeten die Vengaboys „We like to party" und die Guano Apes waren unsere „Lords of the boards". Es dauerte eine Weile, bis wir warm wurden, aber spätestens bei Liquidos „Narcotic" wurde die Tanzfläche gestürmt und wie wild auf und ab gehüpft. Dieses planlose Rumgezappel war bei „Macarena" von Los del Rio verboten, da musste man sich streng an die Regeln halten. Also standen wir brav in einer Reihe und versuchten, uns an all die Bewegungen aus dem Video zu erinnern. Erst die Arme einzeln ausstrecken, dann hinter den Kopf, an die Hüfte, auf den Hintern, und dann hüpfen? Oder doch erst an die Hüfte und dann an den Kopf? Hmmm ... Ruhiger ging es dann bei „Angel" von Robbie Williams zu, oder bei den Spice Girls und „Viva forever". Da kuschelten sich entweder die besten Freundinnen aneinander, oder es trauten sich sogar ein Junge und ein Mädchen gemeinsam zu tanzen, verschwitzte Hände und rote Köpfe waren da garantiert.

„In wen bist du?"

Was neben den Schmusehits auf keiner Feier fehlen durfte, war „Wahrheit oder Pflicht". Das Spiel war der perfekte Vorwand, um herauszufinden, was eigentlich interessierte: „In wen bist du?" Besonders spannend (und für die Betroffenen peinlich) war natürlich, wenn der oder die Angebetete ebenfalls in der Runde saß. So konnte ein Abend mit qualvoll vergossenen Tränen enden – oder mit einer Verabredung fürs Kino.

Ein anderer Weg, um sich eine solche Verabredung zu sichern, waren kleine Zettelchen, die im Klassenzimmer kursierten. Denn wenn man jemandem im Alter von 13 Jahren seine Liebe gesteht, ist das eine ernste Sache. Die erledigte man entweder durch einen Vermittler (der beste Freund / die beste Freundin) oder schriftlich, Hauptsache man schaffte es, den Augenkontakt zu vermeiden. Der Inhalt solcher Zettelchen war meist gleich. Da versicherte das Mädchen „Du bist der süßeste Junge auf der ganzen Welt. P.S.: I love you" und hoffte auf Antwort von dem Jungen. „Willst du mit mir gehen?", fragte er dann hoffentlich und lieferte die Auswahlmöglichkeiten gleich mit: „Ja, Nein, Vielleicht. Kreuze an!"

Hatte man sein Kreuzchen bei Ja gemacht, und „ging" dann mit jemandem, sorgte das für allerlei Wirbel. Nicht nur die Freunde wollten über jede Entwicklung der Beziehung informiert sein. Auch für die Eltern war das eine höchst spannende Angelegenheit. Selbst die jüngeren Geschwister waren neugierig und wollten wissen, was es mit dem „miteinander gehen" auf sich hatte. „Wohin gehst du denn?" Mein Gott, waren die naiv!

Tatsächlich ging man als junges Pärchen – wenn überhaupt – zum Eisessen oder ins Kino. Dort brachten wir Mädchen die Jungs dazu, mit uns um das Schicksal von Jack und Rose in „Titanic" zu trauern. Oder wir zeigten uns von der harten Seite und bewunderten mit dem Liebsten Will Smith als „Staatsfeind Nr. 1" oder Bruce Willis in „Armageddon". Beim Eisessen konnte man sich besser unterhalten, was sowohl Vor- als auch Nachteile hatte. Denn oft waren wir bei unseren ersten Verabredungen so nervös, dass wir keinen klaren Satz formulieren konnten. Das höchste der Gefühle war es, wenn wir händchenhaltend durch die Gegend liefen, an das Küssen wagten sich damals nur die Allermutigsten. Ein bisschen Bammel hatten wir davor nämlich schon, wir wollten uns dabei schließlich nicht blamieren. In der Bravo und bei den älteren Geschwistern suchten wir Rat und wollten wissen, wie das denn nun genau funktionieren sollte mit der Zunge. Bis wir es dann tatsächlich ausprobierten, sollte aber noch eine Weile vergehen.

Beim Film „Titanic"
schmachteten wir dahin.

So schnell wie die Liebe kam, verschwand sie meist auch wieder. Das Ende
wurde dann ebenso förmlich und unter Vermeidung jeglichen Augenkontaktes
eingeleitet, wie der Anfang. Entweder man schickte wieder den besten Freund
vor, um die Nachricht zu überbringen, oder es wurden erneut die kleinen Zettel
bemüht. Wenn man nicht selbst gerade vorhatte, Schluss zu machen, war die
anschließende Trauer groß. „Nie wieder werde ich jemanden so sehr lieben!",
da waren wir uns ganz sicher und wurden nicht müde, unseren Herzschmerz
jedem mitzuteilen. Und wir hatten schließlich Recht, wir liebten tatsächlich nie
wieder jemanden so sehr. Bis zur nächsten Runde „Wahrheit oder Pflicht".

„Wir sind auf der Reise und ham Rückenwind"

Nachdem wir mit unseren Freunden gefeiert hatten ...

Viele erste Male

Die zahlreichen Pickel kündigten es auf leise, unangenehme Weise an und der schüchterne Bartflaum ließ dann doch keinen Zweifel mehr daran: Mit großen Schritten näherten wir uns dem Erwachsenendasein. Der Weg war zwar noch lang, das wussten wir, aber wir waren gestartet.

Chronik

12. Oktober 1999
UN-Generalsekretär Kofi Annan begrüßt ein Neugeborenes symbolisch als den sechsmilliardensten Erdenbürger.

10. Dezember 1999
Günter Grass bekommt den Nobelpreis für Literatur.

26. März 2000
Wladimir Putin wird zum Präsidenten Russlands gewählt. Im Dezember des vergangenen Jahres war sein Amtsvorgänger Boris Jelzin zurückgetreten.

10. April 2000
Angela Merkel wird mit 96% der Stimmen zur neuen Chefin der CDU gewählt.

20. Januar 2001
George W. Bush wird als 43. Präsident der Vereinigten Staaten von Amerika vereidigt.

19. Februar 2001
Bei Schweinen in der südenglischen Grafschaft Essex wird die hoch ansteckende Maul- und Klauenseuche entdeckt.

11. September 2001
Die Vereinigten Staaten erleben die schlimmsten Terroranschläge ihrer Geschichte.

4. Dezember 2001
Bei der weltweit größten Schuluntersuchung „Pisa" schneiden deutsche Schüler schlecht ab.

30. März 2002
Die britische Königinmutter Elisabeth stirbt im Alter von 101 Jahren auf Schloss Windsor.

26. April 2002
Bei einem zehnminütigen Amoklauf am Erfurter Gutenberg-Gymnasium erschießt ein Jugendlicher 16 Menschen und anschließend sich selbst.

17. August 2002
Das Hochwasser der Elbe erreicht in Dresden die Rekordhöhe von 9,40 Meter.

14. Dezember 2003
Der gestürzte irakische Staatschef Saddam Hussein wird nach monatelanger Flucht von US-Truppen festgenommen.

... sah der Wohnzimmertisch auch mal so aus.

Für die evangelischen 85er stand rund um den 14. Geburtstag die Konfirmation an. Zum ersten Mal trugen die Jungs ihren eigenen, teuren Anzug und die Mädchen schwelgten in Prinzessinnen-Träumen, wenn sie in ihren wunderschönen Kleidern über ihr Fest stolzierten. Für die Eltern war das nicht nur ein feierlicher Anlass, sondern meist auch die Zeit, in der sie uns „Kleinen" erlaubten, abends etwas länger wegzubleiben und auch mal das eine oder andere Bier zu trinken. So kam es, dass wir nicht mehr nur in Partykellern oder Wohnzimmern feierten, sondern zum ersten Mal auch in Jugendklubs gingen. Einige von uns zogen in dieser Zeit zum ersten Mal an einer „Kippe", schließlich galt man mit Glimmstängel in der Hand als cool und lässig.

In den aufwühlenden Jahren der Pubertät war es überlebenswichtig, gute Freunde an seiner Seite zu haben.

Ich bin ein Individuum!

Ging es uns früher vor allem um Anpassung, war das nun das Schlimmste, was uns passieren konnte. Nichts war jetzt wichtiger, als unsere Individualität zu demonstrieren. Auch wenn sich unser Modegeschmack dementsprechend veränderte und wir Klamotten mit dieser blöden Fischgräte nun am liebsten nie besessen hätten, waren Marken doch weiterhin wichtig für uns. Nur hießen sie jetzt Miss Sixty, Carhartt, Helly Hansen, Fruit of the loom oder Freeman T. Porter. Und auch wenn jeder krampfhaft versuchte, seinen eigenen, unverwechselbaren Stil zu finden, ließen sich bestimmte Ähnlichkeiten doch nicht leugnen.

Einige Jungs fingen plötzlich an, ihre Klamotten zwei Nummern zu groß zu kaufen. Die Hosen rutschten ihnen in die Kniekehle und in ihren Sporttrikots hätten sie locker zweimal Platz gehabt. Die Frage der Eltern „Aber Junge, meinst du denn, da wächst du noch rein?" beantworteten sie cool mit einem „Das muss so". Kurzum: Sie erfüllten perfekt das Klischee vom Hip Hopper. An Vorbildern mangelte es ihnen nicht: Da gab es zum Beispiel die deutschen Gruppen Dynamite Deluxe und Absolute Beginner. Und natürlich den Amerikaner Eminem, der 1999 in Deutschland seinen Durchbruch hatte.

Neben den Hip-Hop-Anhängern gab es auch die Reggae-Fraktion. Deren Anhänger waren kaum zu verkennen, mit ihren Batik-Shirts, Jamaikamützen, Dreadlocks und dem Wunsch, die Welt zu verbessern. Aus ihren Discmans hörte man alte Bob-Marley-Klassiker und meist waren sie es, die zum ersten Mal mit dem Thema Kiffen zu tun hatten.

Bei den Mädchen war die Reggae-Phase mindestens genauso beliebt, auch sie verfilzten ihre Haare, trugen ausgewaschene Klamotten und gaben als Berufsziel Entwicklungshelferin an. Andere liefen am liebsten den ganzen Tag in Sportklamotten rum, zum Beispiel die Sporthosen von Adidas, die man an den Beinen seitlich aufknöpfen konnte. Wieder andere entdeckten ihre freizügige Ader und zogen enge Hüfthosen und bauchfreie Tops an. Nicht zu verstecken waren dabei ihre Bauchnabelpiercings. Dazu brauchte man entweder sehr tolerante Eltern, ein hohes Durchsetzungsvermögen oder genügend Dreistigkeit, um sich auch ohne Erlaubnis piercen zu lassen. Nase und Augenbrauen waren neben dem Bauchnabel wohl die am häufigsten durchstochenen Körperteile. Etwas später kamen dann Tattoos in Mode, vorzugsweise Tribals und „Arschgeweihe" – ein Grund mehr, die knappen Tops zu tragen.

So individuell wir auch alle gern gewesen wären, hatten wir wohl doch mindestens eins gemeinsam: unsere Unsicherheit. Das hätten wir freilich nie zugegeben. Aber sie ließ sich weder hinter weiten Baggy-Pants noch Bob-Marley-Shirts oder Glitzerschmuck verstecken. Wer bin ich? Was will ich? Was wird aus mir? Fragen, über die wir uns stundenlang den Kopf zerbrachen.

TV Total

Stefan Raab ist für uns 85er eine Offenbarung: Worüber er lacht, lachen auch wir; über wen er sich lustig macht, den verspotten auch wir. Seine Sendung wird bei uns zum Kult und Stefan zum Idol. Eher durch Zufall landete er beim Fernsehen, er moderierte zunächst beim noch jungen Musiksender VIVA und später bei ProSieben. Dort läuft am 8. März 1999 zum ersten Mal seine wöchentliche Sendung TV Total. Seit 2001 kann man Stefan viermal in der Woche dabei zusehen, wie er alles und jeden durch den Kakao zieht – mit Erfolg. Auch als Sänger kann er einige Erfolge vorweisen: „Böörtie Böörtie Vogts", „Ein Bett im Kornfeld", „Hier kommt die Maus" und „Maschendrahtzaun" stammen aus seiner Feder, er selbst holt im Jahr 2000 mit „Wadde Hadde Dudde Da" den fünften Platz beim Eurovision Song Contest. Der Quote zuliebe schreckt er nicht einmal davor zurück, sich vor laufenden Kameras von Boxweltmeisterin Regina Halmich verprügeln zu lassen. Er veranstaltet Promi-Wettbewerbe wie die Wok-WM, das Springreiten und Turmspringen, und erreicht hohe Einschaltquoten mit seiner Samstagabend-Show „Schlag den Raab".

Wir Medienkinder

Was ein Computer ist, wussten wir
natürlich schon eine ganze Weile, und
auch Handys waren uns nicht neu.
Und trotzdem: So wichtig wie in den
kommenden Jahren war Technik
bisher weder für uns noch für die
Generation unserer Eltern gewesen.
Handys wurden zum Alltagsgegen-
stand: eine SMS hier, ein Anruf aus dem Supermarkt dort, alles kein Problem.
Schnell wurden die Kurznachrichten zu einem Ersatz für die kleinen Zettelchen,
mittels derer wir sonst im Ernstfall (sprich: mit dem anderen Geschlecht) kommu-
niziert hatten. Nicht wenige Beziehungen fingen mit harmlosen Handynachrich-
ten an – und manch eine wurde sogar auf diese Weise beendet.

Die passenden Klingeltöne und Displaybilder konnten wir uns aus dem
Internet herunterladen und später sogar Fotos mit unserem Handy machen.
Selbst für uns Medienkids war das 2001 eine Revolution. Und schon einige Jahre
später absolut normal.

Neben dem Handy war das Internet für uns von zentraler Bedeutung. Kaum
auszudenken, wie wir unsere Referate, Präsentationen und Klausurvorbereitun-
gen gemeistert hätten, wenn wir nicht in den unendlichen Weiten des Internets
auf die Suche nach Definitionen, Anregungen oder Formelsammlungen hätten
gehen können. Auch um soziale Kontakte zu pflegen, war das Internet prima. Als
wir es gerade kennenlernten, erlebten wir einen wahren Boom von Chatrooms.
Als „Fallen Angel" oder „Superboy" meldeten wir uns in einem der virtuellen
Räume an, immer auf der Suche nach Gleichgesinnten oder gut aussehenden
Gesprächspartnern. Das Chatten war eine Art Trockenübung für uns Flirtanfän-
ger. Im Schutz von Bits und Bytes mussten wir nicht innerhalb von Sekunden
eine schlagfertige, intelligente, charmante Antwort parat haben und wenn uns
etwas peinlich war, sah man uns das wenigstens nicht an. Das Praktischste
dabei: Falls uns jemand nervte, genügte ein Mausklick, und wir waren ihn los.
Wollten wir mit unseren Freunden chatten, brauchten wir gar nicht erst in einen
der virtuellen Räume zu gehen. Wir meldeten uns einfach bei ICQ an. Ertönte
aus unseren Lautsprechern ein lautes „Ah-Oo" wussten wir: „Sie haben Post!".

Natürlich nutzten wir den Computer auch als Spielzeug. Während viele Mädchen Aufbauspiele wie „Anno 1602" und „Die Siedler" liebten, waren die meisten Jungs von den sogenannten Ego-Shootern begeistert. Mit Freunden veranstalteten sie Lan-Partys, für die sie sich mit ihren Computern tagelang in einem Raum verschanzten, um mit- und gegeneinander Half-Life oder Starcraft zu „zocken" und sich von Tiefkühlpizza und Bier zu ernähren. Überhaupt mutierten die Jungen mit zunehmendem Alter zu richtigen Computer-Profis. Sie konnten mühelos das Gehäuse auseinandernehmen und reparieren und lernten das Programmieren lange bevor jemand auf die Idee kam, an der Schule Informatikunterricht anzubieten. Dieses Verständnis von Technik war gerade in unserer Jugend von enormem Vorteil, denn nie zuvor entwickelte sich diese so rasant.

Zwei Formen – den Kassettenrekorder und den CD-Player – hatten wir schon miterlebt, als 1998 der erste tragbare MP3-Player auf den Markt kam. Unsere Musik kam nun auch nicht mehr nur aus dem CD-Laden, sondern mehr oder weniger legal aus dem Internet. Ebenso erlebten wir die Revolution der Fotografie mit. Nur zu gut erinnern wir uns an die großen Alben mit den unzähligen, penibel eingeklebten Fotos aus dem Camping-Urlaub, die unsere Eltern und Großeltern uns immer so stolz zeigten – und die uns doch nur in den wenigsten Fällen interessierten: Mama mit Dauerwelle beim Kaffeetrinken, Papa mit Grillzange und triumphalem Siegerlächeln oder Oma mit Großtante XY aus Buxtehude. Das Rumgefriemel beim Filmeinlegen und das Warten auf die entwickelten Bilder gehörte mit der Erfindung der Digitalkamera der Vergangenheit an. Zwar dauerte es eine Weile, bis die für jedermann erschwinglich war, aber Ende der Neunziger gab es dann kein Halten mehr; bald hatte jeder ein kleines, handliches Modell. Wo man früher Fingerspitzengefühl und Erfahrung brauchte, um schöne Fotos zu machen, genügte jetzt ein Knopfdruck.

... ebenso gut wie mit den passenden Spielen.

Jagd auf das Moorhuhn

Eigentlich sollte es nur Werbung für eine schottische Whiskymarke sein – doch dann entpuppte sich das Moorhuhn-Spiel 1999 als wahre Sensation. Kaum jemand, der nicht versucht hätte, binnen 90 Sekunden so viele Hühner wie möglich abzuschießen um einen der obersten Plätze auf der Highscore-Liste zu ergattern. Je weiter entfernt und dadurch kleiner das Moorhuhn war, desto mehr Punkte gab es für seinen Abschuss. Weil das Spiel auch am Arbeitsplatz beliebt war, wurde nach einiger Zeit eine Tastenkombination eingebaut, wodurch die

Ein Platz ganz oben auf der Highscoreliste war bei den Moorhuhn-Fans heiß begehrt.

Moorlandschaft in Sekundenschnelle verschwand und stattdessen etwas auf dem Monitor erschien, das stark an ein leeres Word-Dokument erinnerte.

Und die Welt geht doch nicht unter ...

Weltuntergang zum Millennium

Dass die Welt in der Nacht zum 1. Januar 2000 in ein vorsintflutliches Chaos versinken würde, galt für viele als unumstößliche Wahrheit. Die Jahresendung „00" würde alle Computer zum Absturz bringen, da waren sie sich sicher, die Strom- und Wasserversorgung würde ausfallen und überhaupt war das Wort Apokalypse in aller Munde.

So richtig mochte man diese ganzen Befürchtungen nicht glauben – ein wenig Sorgen machten wir uns allerdings schon. Da wurden vorsichtshalber Essen auf Vorrat und Kohlen für den Ofen gekauft oder die Badewanne mit Wasser gefüllt. Man kann ja schließlich nie wissen und sicher ist sicher. Im Nachhinein war das natürlich vollkommen unnötig. Das neue Jahrtausend kam und die Welt ging nicht unter. Das konnten wir mit absoluter Gewissheit sagen, schließlich kannten wir uns mit Weltuntergängen bestens aus.

Love is in the air ...

So einfach war das mit der Liebe nämlich nicht mehr. Wahrheit oder Pflicht spielten wir nur noch, um uns an die „alten Zeiten" zu erinnern. Wir wären auch nicht mehr auf die Idee gekommen, mit jemandem aus unserer Klasse zu gehen, die waren uns mittlerweile viel zu langweilig. Interessanter war da schon der ältere, unbekannte Junge von der Kirmes oder das süße Mädchen aus dem Jahrgang unter uns. Die anfängliche Zurückhaltung in Bezug auf das andere Geschlecht legten wir langsam ab. Natürlich war es noch immer hochnotpeinlich, dem anderen sein Interesse deutlich zu machen – aber war das erst mal geschafft und der andere genauso in uns verliebt wie wir in ihn, standen die ersten Treffen an. Hochromantisch musste dabei alles sein, so wie wir das aus den Filmen kannten. Da traf man sich dann wochenlang unter einer Trauerweide, schwebte gemein-

Wir übten uns im Flirten und Küssen, ...

15. bis 18. Lebensjahr

... bis wir die erste „richtige" Beziehung hatten.

sam auf Wolke Sieben und war sich sicher, den Mann/die Frau fürs Leben gefunden zu haben. Eis und Kino gab es natürlich immer noch, aber da berührten sich die Hände dann nicht mehr nur zufällig, sondern ganz gezielt. Ein Leben lang würden wir uns an den allerersten Kuss erinnern. An das Kribbeln im Bauch, die weichen Knie und das wunderschöne Gefühl. Doch dabei blieb es nicht immer. Während wir uns im Flirten und Küssen übten, war früher oder später „das erste Mal" großes Thema. Zum Glück hatten wir unsere Freunde und die Bravo, die uns wichtige Tipps gaben. Unsere Eltern waren nicht begeistert, wenn wir in jungen Jahren schon von Sex sprachen, aber

Wir gingen gemeinsam feiern ...

vielleicht gerade, weil es in ihrer Generation ein solches Tabuthema gewesen war, zeigten sie sich uns gegenüber offen und tolerant. Mütter begleiteten ihre Töchter zum Frauenarzt und ab und zu kam es doch vor, dass der Vater seinem Sohn eine Packung Kondome zusteckte.

Dass wir es uns auf Wolke Sieben nicht ewig bequem machen konnten, merkten wir meist recht schnell und der Aufprall auf dem Boden der Realität erschien uns umso härter. Schließlich investierten wir in unsere ersten „richtigen" Beziehungen mehr als nur einen feuchten Händedruck. Aus dem tiefen Loch, in das wir dann fielen, konnten uns mal wieder nur unsere Freunde ziehen. Stundenlang jammerten wir uns am Telefon bei ihnen aus, betranken uns maßlos oder schwiegen gemeinsam. Ablenkung war also angesagt, am besten verbunden mit einem Tapetenwechsel. Aber um Gottes willen nicht mit den Eltern, dafür fühlten wir uns nun wirklich zu alt. Die Ferien verbrachten wir nun mit unseren Freunden, egal, ob wir dabei ins Ferienlager, an den Strand oder ins Snowboardgebiet (Skifahren galt mit Erfindung des Snowboards schnell als uncool) reisten.

… und verbrachten auch unseren ersten elternlosen Urlaub zusammen.

Castingshows

Dass sich Bands nicht einfach gründen, weil ein paar Freunde beschlossen haben, gemeinsam Musik zu machen, wird nie deutlicher als im Jahr 2000. Die erste deutsche Castingshow, „Popstars", feiert im September bei RTL 2 Premiere. Tausende junge Frauen haben sich beworben, um Mitglied einer Girlgroup zu werden. Nach mehreren Wochen stehen die fünf Gewinnerinnen fest: Nadja, Vanessa, Lucy, Sandy und Jessica sind die „No Angels". Mit ihrer ersten Single „Daylight in your eyes" gelingt ihnen der Sprung an die Chartspitze. Die erste Staffel „Popstars" ist so erfolgreich, dass die folgenden nicht lange auf sich warten lassen. So gehen bis 2003 noch Bro'Sis, Overground und die Preluders aus der Popstars-Casting-Maschinerie hervor.

Im November 2002 zieht auch der Sender RTL nach. Nach dem Vorbild der englischen Show „Pop Idol" entsteht „Deutschland sucht den Superstar", kurz DSDS. Hier sucht man allerdings keine Band, sondern einen Solokünstler. Anfang 2003 hat man ihn in Alexander Klaws gefunden. Vor allem wegen Jurymitglied Dieter Bohlen und seinen häufig unter die Gürtellinie zielenden Sprüchen wird DSDS ein absoluter Quotenhit – klar, dass auch hier weitere Staffeln folgen.

Neue Fernsehgewohnheiten

Im Nachhinein betrachtet muss es wohl um die Jahrtausendwende gewesen sein, als sich die Fernsehwelt merklich änderte. Talkshows waren wir ja schon lange gewohnt, schließlich sind wir mit Arabella und Bärbel, Andreas und Oliver aufgewachsen. Aber was da am 28. Februar 2000 seine Premiere feierte, war eine kleine Fernseh-Revolution. Fünf Männer und fünf Frauen packten für die Reality-Show „Big Brother" ihre Koffer, um 100 Tage gemeinsam in einem Container zu leben. Dem Sieger winkten 250 000 DM. Jeder noch so kleinste Schritt wurde dabei von unzähligen Kameras aufgezeichnet, jeder Ansatz eines Hüstelns von den Mikrofonen aufgenommen. Alles nur, um den voyeuristischen Fernsehzuschauer einmal täglich mit einer Zusammenfassung der spannendsten Containergeschehnisse zu bedienen. Die erste Staffel verfolgten wir noch mit schamhafter Neugier. Wir sahen zu, wie alle zwei Wochen jemand von den Zuschauern aus dem Haus gewählt wurde und wie Jürgen und Zlatko beste Freunde wurden. Selbst nach dem Finale, das der arbeitslose John gewann, hörte man noch viel von den beiden Freunden. Sei es in Fernsehsendungen oder in den Charts mit Liedern wie „Ich vermiss dich wie die Hölle" (Zlatko) und

„Großer Bruder" (Zlatko und Jürgen). Der Reiz des Neuen verflog allerdings schnell und schon in den nächsten Staffeln „Big Brother" kannten wir uns nicht mehr so recht aus. Was war noch mal so interessant daran, zehn wildfremden Menschen beim Frühstücken oder Faulenzen zuzusehen?

Der Euro

Die D-Mark ist tot – es lebe der Euro.

Wie lieb uns die D-Mark ist, merken wir erst, als sie uns genommen wird. Ersetzt wird sie durch den Euro, der seit dem 1. Januar 2002 alleiniges, gesetzliches Zahlungsmittel in Deutschland und elf weiteren EU-Ländern ist. Schon zwei Wochen zuvor haben Banken damit begonnen, eine Mischung aus Euro-Münzen, die sogenannten Starterkits, auszugeben. Ein Euro ist so viel wert wie 1,95583 DM. Gefühlt ist den Deutschen ihre Mark allerdings mehr wert. Viele machen sich Sorgen, dass der Euro sich als „Teuro" entpuppen würde, dass also im Zuge der Währungsumstellung die Preise kräftig ansteigen. Man befürchtet, dass das DM-Zeichen hinter dem Preis einfach durch ein € ersetzt wird – und der Preis sich damit praktisch verdoppelt. Wie sich im Laufe der nächsten Jahre aber zeigt, entwickelt sich der Euro trotz Widerständen zur stabilen und stärksten Währung neben dem US-Dollar.

Der 11. September

Es gibt nur wenige Ereignisse, an die sich wirklich ausnahmslos jeder erinnern kann. Der 11. September 2001 ist ein solches. Wir erfuhren es am Telefon, aus dem Fernseher oder Radio, als zwei entführte Flugzeuge in das World Trade Center in New York krachten und die beiden Türme einstürzten. Die Schlagzeilen wurden in den kommenden Wochen von Themen wie der neuen alten

15. bis 18. Lebensjahr

Gefahr des Terrorismus, dem Krieg in Afghanistan, Guantánamo und vor allem dem Führungsstil des amerikanischen Präsidenten George W. Bush beherrscht. Die Angst vor einem vergleichbaren Anschlag in Deutschland war groß. Wir vom Jahrgang 1985 wuchsen behütet auf, Krieg kannten wir nur aus den Erzählungen unserer Großeltern und dem Geschichtsunterricht, selbst den Nahostkonflikt erlebten wir nicht bewusst. Doch nun galt der Terrorismus als weltweite Bedrohung und wir verfolgten in der Presse, wie die Amerikaner in Afghanistan einfielen, Jagd auf Saddam Hussein und Osama bin Laden machten und der Krieg im Irak begann.

Wir büffelten gemeinsam mit unseren Freunden.

Schule – Und dann?

Die Schule spielte keine allzu große Rolle für uns, schließlich mussten wir uns mit so viel Wichtigerem beschäftigen: mit uns. Aber spätestens, als wir Klausuren schrieben, deren Ergebnis in unsere Abschlussnote eingehen würde, konnte selbst der größte Schulmuffel nicht mehr leugnen, dass es Ernst wurde.

Einige beendeten die Schule früher, um eine Lehre oder Ausbildung anzufangen. Andere drückten, sofern sie keine Ehrenrunde drehen mussten, 13 Jahre die Schulbank, um sich mit dem Abiturzeugnis in der Tasche einen Studienplatz zu suchen. „Irgendwas mit Medien" wollten wir machen, oder was „Vernünftiges" wie Medizin oder Jura.

Bevor es aber so weit war, mussten sich die Jungs noch um Zivildienst oder Bundeswehr kümmern und die, denen beides nicht so recht passte, entwickelten laufend neue Strategien, wie sie sich am besten davor drücken konnten.

Ein letztes gemeinsames Klassenfoto, bevor sich unsere Wege trennten. Einige machten eine Ausbildung, für andere stand das Abitur an.

Da hatten es die Mädchen einfacher. Einige machten erst mal ein Jahr Pause, Selbstfindung nannten wir das. „Work and travel" in Kanada? Als Backpacker durch Vietnam? Oder erst mal Geld verdienen? Uns standen alle Türen offen. Wie keiner anderen Generation vor uns stand es uns frei, die Welt zu entdecken. Und das taten wir!

Ein würdiger Abschluss unserer Schulzeit!